LES APHORISMES DV DROIT,

Traduits du Latin de Messire FRANÇOIS BACON, *grand* CHANCELIER *d'Angleterre.*

PAR I. BAVDOIN.

A PARIS,

viens offrir à VOSTRE GRANDEVR, *ces* APHORISMES DV DROIT. *Je sçay que le Temps, & le long Vsage, les peuuent auoir rendus communs. Mais l'Eau l'est encore bien plus; Et toutesfois, dit vn Ancien, elle ne laisse pas d'estre la meilleure chose du Monde. Ie les ay puisez dans les Escrits d'vn Grand* CHANCELIER; *Et quand ie les Vous addresse, ie les renuoye à leur Source, puis que veritablement Vous l'estes de la* IVSTICE.

Cette diuine Vertu, MONSEIGNEVR, *Vous est si recommandable pour le bien de la* FRANCE, *que par vos soings genereux, espanduë, comme par Ruisseaux; dans ce grand Corps du* ROYAVME, *elle en purifie tous les Membres. A quoy l'on peut adiouster, que c'est elle-mesme qui les affermit, & qui en maintient l'Vnion, contre la violence des Factieux, qu'on ne peut mieux comparer qu'à l'impetueux debordement des Riuieres. Voyla,* MONSEI-

GNEVR, *de salutaires effets, & de la Force de vostre Esprit, & de l'Integrité de vostre Ame. Ces deux Qualitez illustres attirent sur vous l'Admiration, & vous font considerer des Peuples, comme l'Arbitre de leurs Fortunes, en la plus eminente de toutes les Charges de la Robe. Dans cet Employ si digne de Vous, il paroist visiblement, combien vostre Prudence est puissante; soit à reprimer le Vice, soit à faire Agir la Vertu, puis que c'est en l'Action qu'elle consiste.*

Auecque cela, Vous ne donnez pas ſeulement vigueur aux Loix, mais encore à toutes les autres Sciences; Et quand ie repeterois à châque moment, que Vous eſtes auiourd'huy tout le Support des Hommes de Lettres, que dirois-ie qu'vne Verité qu'ils ne ſçauroient deſnier? Il eſt donc bien iuſte, MONSEIGNEVR, *que ie l'aduouë auec eux; qui ne ceſſent de publier hautement, que ce que le Soleil eſt aux Plantes, vos Biens-faits le ſont à leurs Eſtudes. Comme ie vous doy les fruicts des miennes; Außi fay-ie gloire de vous les offrir, & de me pouuoir dire par cette petite marque de reconnoissance,*

MONSEIGNEVR,

DE VOSTRE GRANDEVR,

Le tres-humble, tres-obeyssant, & tres-obligé Seruiteur,
I. BAVDOIN,

AV LECTEVR.

CET Ouurage LECTEVR, eſt d'vn Homme aſſez fameux, pour vous le faire conſiderer. Quelques-vns diſent, qu'il l'a premierement eſcrit en Anglois; Mais ie ne l'ay iamais veu qu'en Latin, ny mis en François, qu'auec deſſein de le rendre plus intelligible. Ie voudrois eſtre plus capable que ie ne ſuis de la Matiere qu'il traitte; afin que la Forme que ie luy donne, en fuſt plus digne de vous. Et toutesfois, ie ne Vous croy pas ſi peu raiſonnable, que vous n'en excuſiez les defauts. Vous ſçauez que tous les Liures en ont ; Et ie ſçay de meſme, qu'il s'en peut trouuer icy quelques-vns, dans vne aſſez grande quantité de bonnes choſes. Vous en iugerez mieux que moy, ſi vous le liſez ; Et ſerez aduerty, s'il vous plaiſt, qu'à ce TRAITTE' DES LOIX, ſuiuy des APHORISMES DV DROIT, i'ay adiouſté les quatre derniers Diſcours, afin de groſſir vn peu le Volume ; Bien qu'apres tout, pour estre petit, comme il est, il vous en doiue estre moins ennuyeux, & possible encore plus vtile. ADIEV.

PRIVILEGE du Roy.

LOVIS PAR LA GRACE DE DIEV ROY DE FRANCE ET DE NAVARRE, A nos Amez & Feaux Conſeillers, les Gens tenans nos Cours de Parlement, Maiſtres des Requeſtes ordinaires de noſtre Hoſtel, Baill fs, Seneſchaux, Preuoſts, leurs Lieutenans, & à tous autres nos Iuſticiers & Officiers qu'il appartiendra, Salut. Noſtre Cher & bien-amé IEAN BAVDOIN, Nous a fait remonſtrer qu'il a traduit en noſtre langue *Les Oeuures de Meßire* FRANÇOIS BACON, *Grand Chancelier d'Angleterre:* Laquelle Traduction ſoigneuſement reueuë, corrigée & augmentée de pluſieurs nouueaux

Traittez de l'Autheur, il desireroit faire Imprimer, pour l'vtilité de nos Sujets, s'il nous plaisoit de luy accorder nos Lettres sur ce necessaires, humblement requerant icelles. A CES CAVSES, Nous auons permis & permettons par ces presentes audit BAVDOIN, de faire Imprimer, vendre, & distribuer en tous les lieux de nostre obeyssance ladite Version par luy faicte des Oeuures de BACON, Et ce, en vn, ou plusieurs Volumes, en telles Marges, en tels Caracteres, & autant de fois que bon luy semblera, ou à ceux qui auront droict de luy, en vertu des presentes, durant l'espace de DIX ANS, entiers & accomplis, à compter du iour que chasque Volume sera acheué d'imprimer pour la premiere fois. Et faisons tres-expresses defenses à toutes personnes, de quelque qualité & cõdition qu'elles ſoient, d'Imprimer, faire Imprimer, vendre ny debiter, durant ledit temps, en aucun lieu de noſtre obeyſſance, leſdites Oeuures, ſans le conſentement de l'Expoſant, ſouz pretexte d'augmentation, Correction, changement de tiltre, fauſſes marques, ou autrement; en quelque ſorte & maniere que ce ſoit, à peine de quinze cens liures d'amende, payables ſans deport par chacun des contreuenans; Et applicable vn tiers à Nous, & à l'Hoſtel-Dieu de noſtre bonne ville de Paris, & l'autre tiers à l'Expoſant, de confiſcation des Exemplaires contrefaits, & de tous, deſpens, dommages & intereſts. A condition qu'il ſera mis deux Exemplaires en blãc en Noſtre Bibliothecque publique; Et en celle de noſtre Treſcher & Feal le ſieur SEGVIER, Cheualier, Chancelier de France, auant que de les expoſer en vente, à peine de nullité des preſentes; du contenu deſquelles, Nous vous mandons que vous faſſiez iouyr & vſer, pleinement & paiſiblement l'Expoſant, & tous ceux qui auront droict de luy, ſans qu'il leur ſoit donné aucun trouble ny empeſchement, VOVLONS auſſi qu'en mettant au commencement ou à la fin dudit Liure vn Extrait des preſentes, elles ſoient tenuës pour deuëment ſignifiées, & que foy y ſoit adiouſtée, & aux Coppies collationnées par l'vn de nos Amez & feaux Conſeillers & Secretaires, comme à l'Original. MANDONS au premier noſtre Huiſſier, ou Sergens ſur ce requis, de faire pour l'execution des preſentes tous Exploits neceſſaires, ſans demander autre permiſſion. CAR TEL EST NOSTRE PLAISIR, Nonobſtant Clameur de Haro,

Charte Normande, & autres Lettres à ce contraires : DONNÉ à Paris, le treiziesme iour de Nouembre, l'an de grace mil six cens quarente, Et de nostre Regne le trente-vniesme.

PAR LE ROY EN SON CONSEIL.

Et scellé du Grand Sceau de cire jaune sur simple queuë, Signé, CONRART.

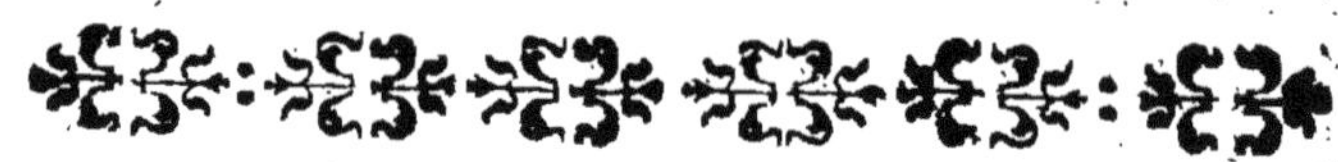

Acheué d'Imprimer, pour la premiere fois, le 20. Decembre, 1646.

LES LOIX

DES LOIX EN GENERAL,

Ce DISCOVRS *est vne offre du Chancelier* BACON *à son Roy, de faire vn Digeste des* LOIX *d'Angleterre.*

NTRE les diuers degrez par où le Souuerain s'éleue à la Gloire, & se fait plasse parmy les Heros, i'en treuue deux principaux, dont le premier eſt le tiltre de Legiſlateur, & le ſecond ſon propre merite. Les Princes qui ſçauent l'Art de gouuerner leurs Eſtats, ſont les Peres de leurs Peuples. Mais quelque bonne nourriture qu'vn Pere donne à ſon Fils, & quelque peine qu'il prenne à l'eſleuer durant ſa vie, s'il ne luy laiſſe & à ſes Deſcendans dequoy ſubſiſter apres ſa mort ; aſſeurément tout ce qu'il a teſmoigné de ſoin & de pieté demeure imparfait. Les Roys de meſme peuuent bien par leur bonne conduitte faire vne partie de la felicité de leur ſiecle, &

n'estre pourtant que Bienfacteurs moraux & passagers; si par leur Testament; à l'imitation de Dieu tout-puissant, ils ne laissent à leurs Sujets des biens perdurables, & qui passent à perpetuité des Peres à leurs Enfans.

Quelques iours auant que mourir, l'Empereur Domitian songea qu'vne teste d'or sortoit de la nucque de son col: ce qui fut veritablement accomply en cét heureux Siecle qui fleurist par cinq successions consecutiues, & qui fut en effet vn aage doré. Mais c'est en leur temps mesme, & auant leur mort, que les Roys doiuent ioindre, & enter, s'il faut ainſi dire, cette teſte d'or ſur leur propre col, en donnant à leurs Sujets des Loix vtiles & ſalutaires. Certes il ne tient qu'à eux qu'ils ne faſſent l'Image de la Monarchie de Nabuchodonoſor, depuis la teſte iuſques aux pieds. Que ſi quelqu'vn de ces petits Politiques, qui n'ont pas l'eſprit aſſez fort pour penetrer dans le fonds des grandes affaires, & qui ne portent leur veuë que foiblement à la ſurface des moindres choſes, penſe faire accroire aux autres, apres ſe l'eſtre perſuadé à ſoy-mesme; Que les Loix ne sont que toiles d'araignée, inutiles aux fonctions des bons Princes, & indifferentes aux mauuais; Qu'il sçache qu'en ce raisonnement il n'y a rien de solide, ny qui sente l'honneste homme. Car il est certain que les bonnes Loix seruent de bride aux mauuais Princes; & que pour le gouuernement & la defense d'vn Estat, il n'est point de rampart plus inexpugnable que celuy-là, ny point de muraille plus forte. Que si les Tyrans y font breche quelquefois, cela n'empesche pas pourtant que ces mesmes Loix n'adouciſſent leur Tyrannie, ou ne la rendent plus molle, comme firent celles de Solon, à l'égard de Piſiſtratus. Ce ſont donc les Loix qui arreſtent le cours de leurs violences, & qui les empeſchent d'en vſer ouuertement; ſi ce n'eſt que pour y reuenir, ils ſe ſeruent, comme ils n'y manquent pas, de l'auantage du Temps, quand ils l'ont tant ſoit peu fauorable.

Voyla quels ſont les effets des Loix, auſquels doiuent ceder auecque raiſon tous autres moyens de perpetuer la memoire & le merite des Princes. La ſtructure des

Temples, des Tombeaux, des Palais, des Theatres, & autres choſes ſemblables, ſont à vray dire, d'illuſtres marques d'honneur, & des monumens conſiderables à la Poſterité; Mais auec tout cela ie treuue que Conſtantin le Grand n'auoit pas mauuaiſe grace, quand pour ſe moquer des Princes qui n'attachent leur eſprit qu'à cette ſorte d'ouurages, il appelloit ordinairement Trajan *Parietaria*, c'eſt à dire, *fleur de muraille*, à cauſe qu'il ſe plaiſoit par trop à baſtir, & qu'il n'y auoit preſque point d'endroit remarquable en ſes Edifices, où ſon nom ne ſe trouuaſt eſcrit. Que ſi quelque Roy le vouloit imiter aujourd'huy, cela ne luy ſeroit pas difficile, & il n'auroit qu'à dépenſer en baſtimens, comme luy, de prodigieuſes ſommes d'argent.

L'inclination d'Adrian eſtoit bien meilleure; Et comme il prenoit vn merueilleux plaiſir à faire reveuë de l'Empire Romain, pour y tenir toutes choſes en eſtat; s'il arriuoit fortuitemẽt qu'en paſſant païs, il treuuaſt quelque dechet en la ſtructure des ponts, des chauſſées, des aqueducs, des quays, des grands chemins, des murailles, &

ainſi

ainſi du reſte ; il y mettoit ordre incontinant, & en faiſoit haſter les reparations. Il donna luy meſme quantité de priuileges & de franchiſes, pour le rétabliſſement des aſſociations, & des compagnies de commerce, qui s'en alloient en decadence. Tellement que l'on pouuoit bien dire de luy, que par vne generoſité ſans exemple, il combattoit les ruines du Temps. Et toutesfois, quoy que ces diſpoſitions fuſſent excellentes, & qu'elles ſeruiſſent d'acheminement au bien public; ſi eſtce qu'elles n'eſtoient pas capables d'en détourner l'aneantissement, ny de s'opposer à la reuolution des années. Ces choses ne touchoient ny la Vertu, ny le Vice: Les méchans & les gens de bien auoient part indifferamment aux cõmoditez de ces ponts; & rien n'empeschoit que de mauuais peuples ne pûssent iouïr de bons Priuileges.

Certainement les meilleurs Ouurages que puissent faire les Princes, & les plus durables, si ie ne me trompe, sont ceux *qui lauent*, comme l'on dit, *le dedans de la coupe.* Ie mets en ce nombre les fondations des Colleges, & des lectures publiques, pour l'inſtruction de la Ieuneſſe; comme auſſi l'inſtitution des Ordres & des Confrairies, pour l'ennobliſſement des perſonnes de merite, & pour l'executió des entrepriſes illuſtres. Mais apres tout, ces choſes ne ſont que petites entes eſparſes de part & d'autre, comme celles des Iardins; qu'arbres fruictiers plantez ça & là, & que terres labourées en diuers endroits, qu'on eſſaye de rendre meilleures. Le ſoin qu'on apporte à les cultiuer ne s'eſtend point par tout le Royaume, & voyla pourquoy tout le Royaume auſſi ne peut pas fructifier. Que s'il le peut, c'eſt par le ſeul eſtabliſſement des Loix & des Ordonnances, qui fait qu'vne Nation entiere deuient comme vn College, & telle qu'vne fondation bien reglée.

Ces Ouurages de la memoire des Temps ſont aſſez rares pour pareſtre excellens, & ne le ſont pas tant neantmoins, qu'il les faille eſtimer impoſſibles, ou ſujets à la premiere reuolution, & de peu de ſeureté. Moyſe, qui donna la Loy aux Hebrieux, fut Secretaire de Dieu, & doit pluſtoſt eſtre nommé par honneur entre les autres Legiſlateurs, qu'estre plassé parmy-eux. Il est fait mention de Minos, de Licurgue, & de Solon, dans les themes des plus petits Escoliers de Grãmaire: Car les plus grands hommes de l'Antiquité & les anciens Personnages, sont deuenus aujourd'huy les joüets des moindres Enfans. L'on en peut dire de mesme des Caracteres, que l'on n'admire plus maintenant, pource que l'vsage en est commun; Et toutesfois, comme le remarque Pindare, il n'est rien si bon ny si necessaire que l'eau; C'est à dire, que les choses communes & triuiales, sont bien souuēt les meilleures. Que si on les méprise ordinairement, c'est plustost par vne maniere d'orgueil, qui les fait dédaigner ainsi pour estre vulgaires, que pour aucune raison qui soit legitime.

Il est hors de doute que les Loix de ces trois Legislateurs dont ie viens de parler, ont eu de hautes preéminences. Celles du premier furent en grande veneration, pour auoir seruy comme d'excellens modeles à tous les Grecs. Celles du second deuindrent recommendables par leur durée, dautant qu'il n'y en eut point qui subsistassent plus long-temps, ſans eſtre alterées: Et celles du troiſieſme eurent vn eſprit viuifiant, pource qu'elles furent ſouuẽt opprimées, & ſouuent auſſi reſtablies.

Parmy les ſept Roys de Rome, il s'en treuue quatre qui furent Legiſlateurs: Auſſi eſt-il vray, comme le remarque vn des grands hommes d'Italie; *Que jamais Eſtat ne fut mieux fondé en ſon Enfance que celuy des Romains, par la vertu de ſes premiers Roys*; ce qui fut la principale cauſe du merueilleux accroiſſement que par ſucceſſion de Temps on vit auoir à cét Empire là.

Les Loix des *Decemvirs*

estoient entassées les vnes sur les autres, & non pas originaires. Car ils grefferent celles de Grece sur vne souche des Loix & des Coustumes de Rome. Ce qu'ils firent auec vn si bon succez, que les douze Tables par eux rejointes & rassemblées, furent comme le principal corps de leurs Loix, dont ils formerent celuy de leur Estat. Elles dureret vn assez long-temps, auec celles qu'ils y adjousterent pour supplément; & les Edicts Pretoriens *in albo*, qui furent comme des Tables, escrites, ou grauées en cuiure; les vnes pour estre mises & ostées

ostées quand on voudroit; Et les autres pour estre permanentes. Lucius Cornelius Sylla reforma les Loix Romaines; Et peut-on bien dire de cét homme là, qu'il auoit trois choses singulieres, que Tyran autre que luy n'a iamais eues. Car auec ce qu'il estoit Legislateur, il prit party auec la Noblesse, & deuint enfin homme particulier, non pour aucune crainte qu'il eust, mais plustost par vne maniere d'asseurance.

Cesar essaya long-temps apres de l'imiter, seulement quant au premier point, s'appuyant d'ailleurs sur de nouueaux hommes: Car pour la resignation de son pouuoir, ce fut autre chose; Et Seneque le descrit fort bien, quand il dit en peu de paroles; *Que ce Prince auoit soudainement pris l'Espée, pour ne la quitter jamais*; Ce qu'il fit asseurément de son authorité propre, disant au mespris de Sylla, apres qu'il fut hors de la Dictature, *Que ce Personnage là ne connoissoit point les Lettres, & qu'il n'auoit sçeu Dicter.* Pour ce qui regarde la partie de Legislateur, elle fut considerable en luy, par les témoignages mesme de Ciceron, qui dit; *Si vous deman-*

dez à Cesar à quoy il s'est occupé, tant qu'il a porté la robe, il vous respondra qu'il a fait plusieurs Loix excellentes. Auguste son neveu suiuit depuis les mesmes traces, & fit vne impression plus profonde, pource qu'il regna long-temps en Paix : ce qui fait dire en faueur de luy à vn Poëte de ce siecle-là.

Ce valeureux Guerrier, par ses faits heroïques,
Ayant donné la paix à tout cét Vniuers,
Appliqua son Esprit aux affaires publiques,
En imposant des Loix à ses peuples diuers.

Il y eut depuis vne telle contention d'esprit entre les Commentaires ou les Decisions des Loix, & entre les Edicts des Empereurs, que les Legislateurs en furent comme hors d'haleine. Mais enfin Iustinien accorda les deux ensemble, & de plusieurs membres separez il en fit vn corps de Loix, qui pût estre plus asseuré, & qu'il appella luy mesme auec autant de verité que de gloire LE SACRE' TEMPLE DE LA IVSTICE, basty sans doute des premieres ruines des Liures, & des materiaux de quelques Ordonnances, par luy nouuellement establies.

Eschines a remarqué, qu'il y auoit dans Athenes des Sexcenvirs, ou des Commissaires continuels, qui prenoient garde soigneusement, s'il n'y auoit point quelque Loy qui ne fut plus selon le Temps, ou qui par sa nouueauté en choquast vne autre plus ancienne, afin d'en proposer la reuocation par le deuoir de leur charge.

Le Roy Edgar recueillit les Loix de son Royaume; & au lieu qu'elles estoient auparauant éparses, il leur donna la force d'vn faisseau estroittement lié, & les reünit toutes ensemble. Dequoy certes il tira bien plus de gloire que de cette puissante Armée Nauale qu'il mit sur la coste de son Isle : Ce qui ne fut autre chose, pour parler en termes de l'Escriture; *Que la routte d'vn nauire sur la mer* : aussi l'vn s'évanouït, & l'autre demeura. Alphonse le Sage, Roy de Castille, IX. du nom, fit le Digeste des Loix d'Espagne, & l'intitula *les sept parties*; Ouurage, à vray dire, tres-excellent, qu'il acheua en sept années : Et comme Tacite remarque fort bien, qu'encore que le Capitole ne fust basty qu'vn peu apres qu'on eut ietté les fondemés de l'ancienne Rome, il ne laissa pas toutesfois d estre fort propre pour l'accroissement de ce puissant Empire, qui par succession de temps s'éleua sur les plus hautes Monarchies ; Ainsi la structure des Loix d'Espagne sembla suffire pour aggrandir ses Estats, comme il est arriué depuis.

Louys XI. auoit eu la mesme pensée, quoy qu'il ne la mit point en execution ; & s'estoit proposé de reduire les Loix de France à tel point, qu'elles fussent toujours durables, en les tirant de la Loy Ciuile des Romains, des differentes Coustumes des Prouinces, & des Edicts des Roys, qui sont comme les Statuts des François. Asseurément il le pouuoit faire; & apres auoir mis, comme il dit luy-mesme, *les Roys hors de Page*, il luy estoit facile de mettre ses Sujets hors de la condition des Lacquais, en les empeschant de courir sans cesse, comme ils ont accoustumé de faire, aux Loix Ciuiles, aux Ordonnances, aux Coustumes, aux Arrests, & mesme aux raisonnements des Philosophes.

Le Roy Henry VIII. en la vingtiesme année de son Regne, fut authorisé par son Parlement de nommer trente-deux Commissaires, partie Ecclesiastiques, & partie Laïcs, pour corriger le Droict Canon, & le rendre conforme premierement à la Loy de Dieu, puis à celle du Prince. Cela n'eut point d'effet neantmoins, dautant que les actions de ce Roy estoient ordinairement des bruits communs, & des essais de peu de durée, plutost que des choses bien fondées, ou bien poursuiuies. Mais i'ay peur qu'en produisant tant d'exemples, on ne me reproche de pecher contre la bienſeance ; car comme dit Ciceron parlant à Ceſar, ie puis dire de meſme à voſtre Majeſté, *Que tout ce qui eſt vulgaire eſt indigne d'elle.* Cecy neantmoins, à le bien entendre, eſt fort eſloigné en commun, puis qu'il eſt vray que les Loix de la pluſpart des Royaumes, ont eſté comme des baſtimens faits de pluſieurs pieces, & qu'on plaſtre de temps en temps, ſelon le beſoin qu'ils en ont, ſans en renouueller, ny la forme, ny le modelle.

Ie viens maintenant aux

Loix d'Angleterre; desquelles ayant à parler sans partialité, & sans que ma profession ny mon païs me doiuent rendre suspect, ie diray qu'en ce qui regarde leur matiere & leur nature, ce sont des Loix extremément bonnes, iustes au possible, & fort moderées, veu qu'elles rendent à Dieu, à Cesar & aux Sujets, ce qui leur appartient. Il est vray, qu'à les bien considerer, elles sont meslées, ainsi que nostre langue, des Coustumes Britanniques, Romaines, Saxonnes, Danoises & Normandes. Mais comme nostre Langue est plus riche par ce messange ; nos Loix de mesme sont plus accomplies par cette diuersité. Auec ces attributs neantmoins elles ne perdroient rien de leur grace par celle de la nouueauté, & en vaudroient mieux, ie m'asseure, si l'on y changeoit quelque chose : Car vn arbre n'est iamais si bon en son premier plant, que lors qu'on en fait vn second, & qu'on s'aduise de le greffer. Ie me souuiens là dessus de ce qui aduint vn iour à Calisthenes, qui suiuoit la Cour d'Alexandre, & qui ne pouuoit gouster en aucune sorte l'Adoration Persienne. Comme ce perſonnage eſtoit eloquent, il fut mandé exprés pour entretenir la compagnie en vn feſtin que faiſoient les Grecs, où Alexandre meſme eſtoit preſent. Voyant donc qu'on deſiroit de luy qu'il parlaſt ſur telle matiere qu'il voudroit choiſir, il ſe mit en deuoir de le faire, & prit pour ſujet la loüange de la Nation Macedonienne. Or bien que ce fuſt vne choſe aſſez mal-ſeante, que de louër les hommes en leur preſence, il le fit neantmoins, & le fit auec tant de viuacité d'eſprit, tant d'apparence de verité, & ſi peu de flatterie, qu'il en receut des applaudissemens vniuersels de tous ceux qui l'écoutoient. Le Roy fut le seul à qui cela ne plût point, pource qu'il auoit ie ne sçay quelle aversion pour cét homme là : De maniere que le regardant auec dédain, *Il est bien aisé*, luy dit-il, *de parestre bon Orateur en vn sujet si plausible:* ce que Calisthenes ne pouuant souffrir; *Changez vostre style*, respondit-il, *et dites-nous maintenant nos fautes, afin que nous en puißions profiter, & que vous seul n'en ayez point la loüange.* Repartie qu'il fit auec vne action si brusque, &

ſi hardie, qu'elle obligea le Roy à luy dire, *Que la malice l'auoit fait eloquent, außi bien que le ſujet qu'il venoit de traitter.* Ie ne doy point craindre de tomber en aucune de ces extremitez, pour le regard des Loix d'Angleterre. I'en ay cy-deuant loüé la Matiere : Mais maintenant il me reſte à dire, qu'en ce qui eſt de la Forme, elles ont beſoin d'vn grand amendement. Auſſi tiens-je qu'on ne ſçauroit faire plus de bien à ce Royaume, que de trauailler à cet Ouurage, & de le reduire au point, où il faut qu'il ſoit pour eſtre parfait. Comme c'eſt vne choſe ſouhaittable, elle eſt digne auſſi des actions, & du ſiecle de voſtre Maieſté; Outre qu'il s'y trouue des circonſtances qui ſont du tout conuenables à ſa perſonne. Il a plû à Dieu benir voſtre Regne, en vous donnant des Enfans, & par conſequent vous rendre plus propre par vos Vertus immortelles à perpetuer en eux voſtre memoire : Car c'eſt mon opinion que ceux qui en ont ſont plus intereſſez que les autres dans les ſoins de l'avenir, & à faire en ſorte que leur Poſterité, & leurs Sujets pareillement ſe puiſſent

sent tous ressentir de ce que leur Prince a fait d'illustre & d'vtile pour le commun bien de tout le Public. Vous estes, SIRE, vn grand Maistre, & pour ce qui regarde la Iustice, & pour ce qui est de la Iudicature. Cela estant, ce seroit sans doute vne chose bien estrange, que le fruict de vostre Vertu ne passast point aux Races futures. Vostre Majesté regne en vn Siecle sçauant, & où l'on s'estudie d'autant plus à le deuenir, qu'on void qu'elle excelle aux bonnes Lettres, & se plaist à proteger ceux qui en font profession. Que si par ie ne ſçay quel mal-heur il eſt autresfois arriué des Ouurages de cette nature, qu'en des temps où l'on auoit moins de ſçauoir, on a trauaillé ſur des Matieres qui en requeroient le plus; I'ay eſperance qu'il n'en ſera pas ainſi maintenant, & i'oſe meſme me le promettre. Car pour mon particulier, outre la Profeſſion que ie fay du Droict, à qui ie ſuis redeuable, j'ay encore quelque teinture des autres Sciences, qui donneront vne Forme à cette Matiere. D'ailleurs, en l'eſtat où ie me voy maintenant, ie puis dire que par le miſericordieux chaſtiment de Dieu, & par vn effet de ſa Prouidence, i'ay du temps de reſte, pour employer à cette Meditation ce peu que i'ay de talent ; & pour le faire ſi bien valoir, qu'il montera poſſible plus haut que l'intereſt d'vne Vie actiue. Auſſi fut ce la principale cauſe, pour laquelle dés la naiſſance de mes diſgraces, ie pris la hardieſſe de m'offrir à voſtre Majeſté, & pour trauailler à l'Hiſtoire d'Angleterre, & pour faire le Digeſte, ou le Recueil de vos Loix. Ayant donc ſatisfait au premier, autant que ie l'ay pû de moy-mesme; maintenant SIRE, je viens en toute humilité renouueler l'offre que i'ay faicte du dernier, qui demande du secours à vostre Majesté, s'il luy plaist que ie m'employe à cela, & si mon seruice luy est agreable.

LES APHO-

LES APHORISMES DV DROIT.

APHORISME I.

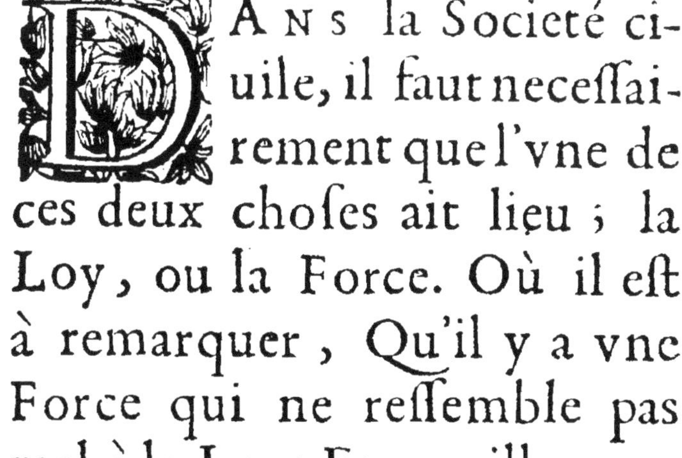

DANS la Societé ciuile, il faut necessairement que l'vne de ces deux choses ait lieu ; la Loy, ou la Force. Où il est à remarquer, Qu'il y a vne Force qui ne ressemble pas mal à la Loy; Et pareillement vne maniere de Loy, qui tient beaucoup plus de la Force que de l'Equité. Il s'ensuit de là, que l'Iniustice a trois sources, qui sont ; la pleine Force ; vne malicieuse surprise, souz vn pretexte de Loy ; & la rigueur de la Loy mesme.

APHORISME II.

LE fondement du Droit particulier est tel. Celuy qui fait injure, en reçoit en effet, ou du profit, ou du plaisir : Mais il en épreuue aussi le danger par son propre exemple. Les autres n'ont aucune part, ny à l'vtilité qui en reuient, ny au plaiſir non plus, & ſe perſuadent qu'il n'y a que le ſeul Exemple qui les regarde. Voyla pourquoy ils ne font aucune difficulté de ſe mettre ſous la protection des Loix, pour l'apprehenſion qu'ils ont que chacun à ſon tour ne ſe reſſente de ces injures. Que ſi par la reuolution du Temps, & par vne faute commune, il aduient que quelque Loy cauſe le danger de pluſieurs, & meſme des plus conſiderables, tant s'en faut qu'elle y ſerue d'obſtacle; en tel cas la Faction rompt la Loy, comme il arriue ſouuent.

APHORISME III.

QVANT au Droit particulier, il a pour sa defence le Droit public : car la Loy met ordre à la seureté des Citoyens ; & les Magistrats prennent garde à celle des Loix. Or l'authorité des Magistrats depend de la Majesté de l'Estat ; de la Police qui s'y obserue, & de ses Loix fondamentales. Cela estant, si tout se porte bien de ce costé-là ; & si le Reglement en est bon, l'vsage des Loix sera bon de mesme ; sinon, il y aura fort peu d'asſeurance en elles.

APHORISME IV.

LE Droit public neantmoins n'eſt pas ſeulement conſiderable, à cauſe qu'il eſt donné comme pour garde au Droit particulier, pour empeſcher qu'on ne le viole, & qu'on n'offence perſonne; mais il l'eſt encore, pource qu'il s'eſtend iuſques à la Religion, aux Armes, à la Diſcipline, aux Ornemens, aux Richeſſes; & qu'en vn mot il embraſſe generalement tout ce qui regarde le bien-eſtre d'vne Ville.

APHORISME V.

LA fin & le but que les Loix doiuent auoir, & où principalement il faut que visent leurs Ordonnances, & leurs Commandemens absolus, n'est autre, sinon que les Citoyens viuent heureux. Ce qui arriuera sans doute, s'ils se trouuent instruits comme il faut dans les deuoirs de la Religion & de la Pieté ; s'il n'y a rien à redire dans leurs mœurs ; s'ils ont dequoy se defendre par les Armes, contre les violences des Ennemis estrangers ; si par le moyen des Loix ils ſe mettent à couuert des ſeditions & des offences particulieres ; s'ils obeiſſent au Chef & aux Magiſtrats ; & ſi auec tout cela, ils ſont abondans en richeſſes, & puiſſans en hommes de guerre: De toutes leſquelles choſes les Loix ſe peuuent dire les Nerfs, & les principaux Reſſorts.

APHORISME VI.

C'EST la Fin que ſe propoſent les bonnes Loix. Mais pluſieurs en ſont fort eſloignées. Car il ne faut pas douter qu'elles ne different grandement; puis qu'il se voit par épreuue, que les vnes sont excellentes, les autres mediocres, & les autres tout à fait vicieuses. C'est pourquoy, selon la portée de mon petit iugement, i'en donneray quelques vnes, qui seront comme *les Loix des Loix*; & dont on se pourra seruir ainsi que de Regles, veu qu'il n'y a point de Loy, l'establissement de laquelle n'ait esté bon ou mauuais.

APHORISME VII.

MAIS auant que de venir au Corps mesme des Loix particulieres, ie déduiray

duiray ſuccinctement les vertus & les dignitez des Loix en general. Cette Loy dont la Publication eſt certaine, le Commandement iuſte, l'execution commode ; qui eſt conuenable à la forme du Gouuernement, & qui rend les Sujets vertueux, doit eſtre tenuë pour bonne.

TITRE I.

De la premiere Dignité des Loix, qui eſt, qu'elles ſoient certaines.

APHORISME VIII.

IL importe ſi fort que la Loy ſoit certaine, que ſans

cette condition, elle ne peut eſtre iuſte. Car ſi le ſignal de la Trompette eſt douteux, qui pourra ſe preparer au cõbat? De cette meſme façon s'il y a de l'incertitude en ce que la Loy preſcrira, comment ſera-t'il poſſible de ſe tenir preſt à luy obeïr? C'eſt pourquoy il faut qu'elle aduertiſſe, auant qu'elle frappe: Et ce n'eſt pas auſſi ſans raiſon qu'on à dit, *Que cette Loy eſtoit tres-bonne qui embarraſſoit le moins vn Iuge*, en quoy principalement conſiſte la certitude de la Loy.

APHORISME IX.

IL y a deux ſortes d'incertitudes de Loy ; la premiere, quand on ne preſcrit aucunes Loix ; & la ſeconde, quand elle eſt ambiguë & obſcure. Il faut donc auant que paſſer outre traitter des Cas dont la Loy ne parle point ; à fin d'y trouuer par ce moyen quelque regle de certitude.

Des Cas dont la Loy n'a point parlé.

APHORISME X.

LA foibleſſe de la Prudence humaine n'eſt pas

capable de comprendre tous les Cas que le Temps descouure. Les Cas donc obmis, & nouueaux se presentent fort souuent : L'on y peut apporter trois diuers remedes; ou par vn progrez à choses semblables ; ou par l'vsage des Exemples, encore qu'ils ne soient point passez en force de Loy ; ou par les Iurisdictions, qui ordonnent selon le bon plaisir d'vn homme de bien, soit pour le Ciuil, soit pour le Criminel.

Du progrez à choses semblables, & des extensions des Loix.

APHORISME XI.

DANS les Cas obmis, il faut tirer la Regle de la Loy de choses semblables ; y proceder auec iugement, & obseruer les conditions suiuantes : *Que la raison soit fertile, & la Coustume sterile, si bien qu'elle n'engendre aucuns incidens* : On ne doit donc pas tirer en consequence ce qui est receu contre la Raison du Droit, ou quand la Raison en est obscure.

APHORISME XII.

VN Bien conſiderable & important au Public, entraine auec ſoy les Cas obmis. C'eſt pourquoy quãd quelque Loy regarde & procure notablement & merueilleuſement bien ce qui eſt vtile à la Republique, ſon interpretation doit eſtre eſtenduë & amplifiée.

APHORISME XIII.

C'EST vne choſe bien rude de donner la geſne aux Loix, afin qu'elles meſmes la donnent aux hommes: Et partant ie ne ſuis pas d'avis, qu'on eſtende à de nouueaux crimes les Loix qui preſcriuent des peines, & encore moins celles qui puniſſent de mort. Mais s'il aduient que le crime ſoit vieil, ou connu des Loix, & que neantmoins de ſa pourſuite s'enſuiue quelque incident nouueau, qu'elles n'auront pas preueu; que l'on s'éloigne entierement des reſolutions du Droit, pluſtoſt que de laiſſer les crimes impunis.

APHORISME XIV.

AVx Ordonnances qui abolissent tout à fait le Droit commun, principalement en matiere de choses qui arriuent souuent, & qui sont dé-ja receuës, ie n'appreuue point que l'on procede par Exemple dans l'obmission des Cas. Car quand la Republique a esté long-temps sans auoir vne Loy, mesme en des Cas exprez, il y a peu de danger. Les Cas obmis attendent leur principal Remede d'vne nouuelle Ordonnance.

APHORISME

Aphorisme XV.

Les Ordonnances qui paroissent manifestemẽt auoir esté les Loix du Temps, & qui sont nées des Occasions qui pouuoient alors beaucoup en la Republique, n'ont pas vn petit auantage, si le Temps venant à changer, elles peuuent durer, & se maintenir en leur premier estat. Aussi seroit-ce contre tout ordre qu'on les tireroit en quelque façon que ce fust, aux Cas qui se trouueroient obmis.

APHORISME XVI.

IL n'y a point de Conſequence de la Conſequence: mais l'Extenſion doit eſtre arreſtée entre les Cas les plus proches. Autrement elle aboutira peu à peu à des choſes diſſemblables; & les ſubtilitez des Eſprits l'emporteront ſur l'authorité des Loix.

APHORISME XVII.

ON doit eſtendre plus librement les Loix & les Ordonnances que l'on couche en moins de paroles.

Mais en celles où les Cas particuliers ſont marquez, il y faut aller auec plus de retenuë. Car comme l'Exception affermit la force de la Loy, dans les Cas qui ne ſont pas exceptez; Ainſi le Denombrement l'affoiblit dans les Cas qui n'y ſont point contenus.

APHORISME XVIII.

L'ORDONNANCE qui Declare, bouche les ruiſſeaux de la precedente, ſans que l'on reçoiue apres aucune extenſion en l'vne ny en l'autre de ces Ordonnances. Car le Iuge ne les doit pas dauantage estendre, depuis que la Loy a des-ia commencé de le faire.

Aphorisme XIX.

La Solemnité des Parolles & des Actes ne reçoit point d'Extension à choses semblables. Car ce qui passe de la Coustume à l'Arbitrage, perd la nature de Solemnel : Outre qu'on ne sçauroit introduire des nouueautez, sans corrompre la Maiesté des anciennes Coustumes.

APHORISME XX.

L'ON estend fort aisément la Loy aux Cas qui arriuent aprés qu'elle est faite, & qui n'estoient pas auparauant en la nature des choses. Car où le Cas n'a peu estre exprimé, parce qu'alors il n'y en auoit aucun, celuy dont il ne s'est fait aucune mention, tient lieu de cét autre, dont on a parlé, si la Raison se trouue semblable. Mais c'est assez traitté de l'Extension des Loix aux Cas obmis: Venons maintenant à l'vsage des Exemples.

Des Exemples, & de leur vſage.

APHORISME XXI.

C'EST des Exemples que ſe doit puiſer le Droit, lors que la Loy manque. Quant à la Couſtume, qui eſt vne eſpece de Loy, ie me reſerue d'en traitter en ſon lieu, & pareillement des Exemples, qui par vn frequent vſage ont paſsé en Couſtume, comme en vne Loy tacite. Ie parleray maintenant de ceux qui arriuent rarement par-cy par-là, ſans auoir force de Loy. Où ie monſtreray, quand, & auec quelle precaution il en faut extraire la Regle du Droit, lors qu'il n'y a point de Loy pour cela.

APHORISME XXII.

LES Exemples doiuent eſtre tirez des Temps, où les Vertus & les bonnes mœurs eſtoient fleuriſſantes; non pas de ceux où la Tyrannie, les Factions & la Diſſolution regnoient. Car les Exemples de ces Temps-là, ſont des Enfantemens illegitimes, qui nuiſent plus qu'ils n'inſtruiſent.

APHORISME XXIII.

EN matiere d'Exemples, les plus nouueaux sont les plus asseurez : Car pourquoy ne reïterera-t'on pas ce qui s'est fait depuis peu, sans qu'aucune incommodité s'en soit ensuiuie? Ces nouueaux exemples ont pourtant moins d'authorité que les anciens; Et quand il s'agit de remettre vne affaire en meilleur estat, ils tiennent plus du siecle où ils arriuent, que de la droite Raison.

APHORISME XXIV.

LEs plus vieux Exemples doiuent eſtre receus auec choix, & auec retenuë. Car le Temps par ſa reuolution change, ou ſemble changer pluſieurs choſes de telle ſorte, que ce qu'il fait trouuer fort ancien, eſt du tout nouueau, eu égard aux troubles & aux deſordres qui arriuent en certaines ſaiſons. De-là viẽt auſſi que les Exemples des Temps qui ſe trouuent entre deux, ſont tres-bons : ou meſme ceux du Temps qui eſt conforme à celuy qui court : pource qu'il arriue souuent que le plus esloigné s'y rapporte mieux que le plus proche.

APHORISME XXV.

IL est necessaire de se restraindre dans les bornes de l'Exemple, sans en sortir en façon quelconque. Car où il n'y a point de Regle de Loy, l'on doit quasi tenir toutes choses pour suspectes. C'est pourquoy gardez-vous bien icy d'aller à tastons, & comme si vous marchiez dans les tenebres.

APHORISME XXVI.

IL faut éuiter les fragmens & les Abregez des Exemples, ou mesme considerer l'Exemple entier, & tout son progrez. Car s'il est peu seant de iuger d'vne partie de la Loy, sans l'auoir premierement toute leuë ; cela doit encore mieux auoir lieu aux Exemples, dont l'Vsage est douteux, s'ils ne sont propres, & bien appliquez.

APHORISME XXVII.

EN ce qui regarde les Exemples, il importe

grandement de ſçauoir d'où ils viennent, & par quelles mains ils ont paſsé. Car ſi on les prend ſeulement des Greffiers & des Officiers ſubalternes de la Iuſtice, ſuiuant le ſtile de la Cour, ſans qu'ils ſoient venus à la connoiſſance des premiers Magiſtrats; ou s'ils n'ont cours que parmy le peuple, qui en matiere d'erreurs eſt Maiſtre paſsé, il les faut reietter, & n'en tenir conte. Mais ſi les Conſeillers des Parlemens, & les Iuges des Cours Souueraines les ont ſi bien examinez, qu'ils ayent beſoin d'vne approbation, pour le moins tacite, des Iuges, ils en ont beaucoup plus de credit.

APHORISME XXVIII.

LEs Exemples qui ont esté publiez, & mis à l'examen dans la dispute, quand mesme d'ailleurs ils ne seroient pas si fort en vsage; doiuẽt auoir plus d'authorité. Mais il en faut donner moins à ceux qui ont toujours demeuré dãs les Archiues, comme enseuelis dans quelque tombe. Car les Exemples ressemblent à l'eau, qui tant plus elle court, tant plus elle est saine.

APHORISME XXIX.

IE ne ſuis pas d'auis que l'on tire des Hiſtoires les Exemples qui regardent les Loix; mais bien des Actes publics, & des Traditions les plus fidelles. Car les meilleurs Hiſtoriens ont ce mal-heur-là, qu'ils ne s'arreſtent pas aſſez ſur les Loix, & ſur les Actes iudiciaires. Que s'ils en traittent fortuitement, quelque ſoin qu'ils y apportent, la Copie eſt touſiours fort differente de l'Original.

APHORISME XXX.

L'EXEMPLE qui eſt rejetté au temps meſme où il aduient, ou bien toſt aprés, ne doit point eſtre facilement receu, s'il en arriuoit vn autre ſemblable. Car il ne luy eſt pas ſi avantageux que les hommes s'en ſoient autresfois ſeruis, qu'il luy eſt dommageable de s'en eſtre deſiſtez, aprés l'experience qu'ils en ont faite.

APHORISME XXXI.

LEs Exemples conſeillent, mais ils ne commandent

pas. Il en faut donc vſer tellement, que l'on tourne l'authorité du Temps paſſé à l'vſage du preſent. Mais ce que ie viens de dire ſuffit, ce me ſemble, pour le regard du profit qu'on doit tirer des Exemples, quand il n'y a point de Loy. Parlons maintenant des Iuriſdictions Ciuiles & Criminelles.

Des Iuriſdictions Ciuiles & Criminelles.

APHORISME XXXII.

IL faut qu'il y ait des Cours & des Iuriſdictions, qui

qui par l'aduis d'vn homme de bien mettent ordre aux affaires que la Loy n'a point reglées. Car comme i'ay déja dit, la Loy ne ſuffit pas à toutes ſortes d'euenements : mais elle eſt appliquée à ce qui arriue le plus ordinairement. Auſſi eſt-il vray que le Temps (comme diſent les Anciens) eſt vn ſage Maiſtre, par qui de nouueaux incidens ſont tous les iours inuentez, & mis en euidence.

APHORISME XXXIII.

IL arriue auſſi dans les matieres Criminelles de nouueaux Cas, qui meritent punition: & dans les Ciuiles il en aduient d'autres qui ont besoin de secours. Ie nomme Cours de Censeurs, celles où l'on traitte des premiers; & Cours de Preteurs celles où les derniers se decident.

APHORISME XXXIV.

QVE les Cours des Censeurs ayét jurisdiction & puissance, non seulement de chastier les nouueaux Crimes; mais aussi les vieux, & d'en augmenter les peines establies par les Loix; pourueu qu'ils ne soient pas punisſables de mort; car ce qui eſt Enorme, eſt comme Nouueau.

APHORISME XXXV.

QV'AVX Cours des Preteurs ſoit reſerué le pouuoir tant de ſe joindre enſemble, & d'apporter vn temperament à la rigueur de la Loy, que de ſuppléer à ce qui luy manque. Car s'il eſt raiſonnable d'aſſiſter celuy à qui la Loy n'a point penſé; il ne l'eſt pas moins de remedier au mal de cét autre qu'elle a bleſsé.

APHORISME XXXVI.

QVE ces Cours des Cenſeurs & des Preteurs ayent la ſeule connoiſſance des Cas enormes, & extraordinaires, ſans entreprendre ſur les Iuriſdictions ordinaires, de peur qu'au lieu de ſuppléer à la Loy, cela ne ſerue plutoſt à la ſupplanter.

APHORISME XXXVII.

QV'IL n'y ait de ces Iuriſdictions que dans les Cours Souueraines, ſans y rien communiquer aux Iuges inferieurs. . Car il y a fort peu de difference entre pouuoir suppléer, estendre, & moderer les Loix, & entre les faire.

Aphorisme XXXVIII.

Qve ces Cours ne soiēt pas commises à vn seul, mais composées de plusieurs. Que l'on n'y opine pas du bonnet, mais que les Iuges apportent des raisons dont ils appuyent leurs sentiments publiquement, & deuant toute la Compagnie: afin que ce qui est libre en Puissance, soit borné par la Renommée,

& par la Reputation.

APHORISME XXXIX.

QV'IL n'y ait point de Rubriques de Sang; & que l'on ne prononce rien sur les matieres Capitales, en quelque Cour que ce soit, que suiuant vne Loy connuë & certaine. Car Dieu a premierement annoncé la Mort, puis il l'a donnée. Aussi ne falloit-il pas oster la vie qu'à celuy qui auroit premierement reconnu d'auoir peché contre elle.

APHORISME XL.

QVE l'on donne aux Cours des Cenſeurs vn troiſieſme Mereau, afin que l'on n'impoſe point aux Iuges vne neceſſité d'Abſoudre, ou de Condamner ; & qu'il leur ſoit permis de prononcer de cette ſorte, *Il ne nous appert pas.* Que le Cenſeur puiſſe non ſeulement punir en effet, mais de quelque Marque où il n'y ait point de peine iointe, & qui ſe termine en correction, ou qui chaſtie les coupables d'vne legere ignominie, qui les faſſe aucunement rougir.

APHORISME XLI.

DANS les Cours des Cenſeurs tous les crimes enormes dé-ja commencez, ou à demy faits, doiuent eſtre chaſtiez, quand meſme l'effet ne s'en ſeroit pas entierement enſuiuy. Et partant que telles Iuriſdictions vacquent ſur tout à cela; pource qu'en la punition des crimes, il importe d'vſer de ſeuerité en leur commencement; & de clemence, pour empeſcher qu'ils ne ſoient commis.

APHO-

APHORISME XLII.

AVANT toutes choses, il faut prendre garde qu'aux Cours des Preteurs, on ne donne aucune aſſiſtance aux Cas que la Loy n'a pas tant obmis que meſpriſez comme legers ; ou qu'elle a iugez odieux , & par conſequent indignes de remede.

APHORISME XLIII.

IL importe grandement à la certitude des Loix, dont nous parlons maintenant, que les Cours des Preteurs ne groſſiſſent tellement, que ſous pretexte d'adoucir la rigueur des Loix, elles ne leur oſtent la force, ou ne les ramoliſſent, ti rant toutes choſes en Arbitrage.

Aphorisme XLIV.

QVE les Cours des Preteurs ne puiſſent rien determiner contre vne Ordonnance expreſſe, ſous quelque apparence de Iuſtice que ce puiſſe eſtre. Car ſi cela eſtoit, le Iuge deuiendroit entierement Legiſlateur, & tout ſe vuideroit par Arbitres.

APHORISME XLV.

QVELQVES-VNS veulent que la Iuriſdiction qui ordonne ſelon l'Equité, & celle qui procede à toute rigueur de Droit, releuent de meſmes Cours. D'autres tiennent, qu'il faut qu'elles ſoient ſeparées, & qu'on ne ſçauroit faire difference des Cas, s'il y a vn meſlange de Iuriſdictions. Mais il eſt à craindre qu'enfin l'Arbitrage n'entraiſne la Loy.

APHORISME XLVI.

CE n'estoit pas sans raison que chez les Romains le Preteur auoit vne Pancarte, où il prescriuoit & publioit comment il deuoit rendre la Iustice. A son exemple les Iuges des Cours des Preteurs, doiuent se proposer certaines Regles, entant qu'il se peut ; & les afficher publiquement. Car cette Loy est tres-bonne (comme i'ay dit ailleurs) qui laisse le moins de choses en la disposition du Iuge ; Et celuy-la tres-bon Iuge, qui ne s'en permet aussi que fort peu. Mais ie traitteray plus au long de ces Cours, quand ie parleray des Iugemens. Ce que ie viens d'en dire n'a esté qu'en passant, entant qu'elles sont necessaires, & qu'elles suppléent à ce dont il n'est fait aucune mention dans la Loy.

De l'égard des Loix à ce qui est dé-ja passé.

APHORISME XLVII.

IL y a tout vn autre genre de supplément des Cas obmis, quand vne Loy vient au defaut de l'autre, & attire ensemble des Incidens dont on n'a point parlé. Ce qui n'arriue la plusspart du temps qu'aux Loix, & aux Ordonnances, qui regardent (comme l'on dit communément) derriere elles. On ne doit se seruir de cette sorte de Loix que fort rarement, & auec beaucoup de retenuë: Car ie ne sçaurois approuuer pour moy des Loix à deux faces, comme la teste de Ianus.

APHORISME XLVIII.

CELVY qui pallie, & qui veut destruire captieusement les Paroles, ou l'Intention de la Loy, merite d'estre enueloppé par la Loy suiuante. Il est donc bien iuste qu'en cas de fraude & de subterfuge, les Loix regardent derriere elles, & viennent au secours les vnes des autres, afin que tel Fourbe, qui trame des tromperies, & qui veut renuerser les Loix presentes, craigne à tout le moins celles qui sont à venir.

APHORISME XLIX.

LES Loix qui fortifient & confirment les vrayes intentions des Actes, & des Instrumens contre les defauts des Formalitez ſolennelles, comprennent tres-bien les choſes paſſées. Car le plus grand vice de la Loy, qui regarde derriere ſoy, eſt qu'elle trouble, & apporte du deſordre. Mais ces Loix Confirmatiues ont pour obiet la Paix & l'eſtabliſſement des choſes paſſées. Il faut pourtant prendre garde, que les Iugemens dé-ia donnez, n'en ſoient point deſtruits.

APHORISME L.

L'ON ne doit nullement croire que les ſeules Loix qui apportent quelque

que dechet aux choſes faites, regardent ſeulement le paſsé. Car celles qui defendent, ou qui limitent ce qui doit eſtre à l'avenir, & qui eſt neceſſairement attaché à ce qui eſt déja fait, ſe peuuent dire leur eſtre ſemblables. Par exemple, ſi quelque Loy defend à certains Artiſans de ne plus vendre leur marchandiſe, elle prononce bien pour l'avenir; mais elle opere auſſi pour le paſsé; à cauſe qu'ils ne peuuent plus gaigner leur vie par vn autre moyen.

APHORISME LI.

TOVTE Loy declaratiue, quoy qu'elle n'ait pas les termes, ou les paroles expresses du passé, ne laisse pas neantmoins d'y estre entierement tirée par la force de la Declaration. Car l'Interpretation ne commence pas quand on la declare; mais elle deuient comme du mesme temps de la Loy. A raison dequoy, vous ne tiendrez point pour considerables les Loix Declaratiues, qu'aux cas où les Loix peuuent auec Iustice regarder derriere elles.

Icy i'acheue ce qui regarde l'incertitude des Loix, quand il arriue qu'elles n'ont rien determiné sur vne affaire. Ie viens maintenant à l'autre partie, touchant ce qui se rencontre d'obscur, ou d'ambigu dans quelque Loy.

De l'obscurité des Loix.

APHORISME LII.

L'OBSCVRITE' des Loix procede de quatre choses: ou de leur trop grand amas, principalement si l'on y mesle les Loix abrogées; ou de leur Description ambiguë, & moins claire qu'il ne faut, ou du peu de ſoin que l'on s'eſt donné d'eſtablir de bons moyens, pour bien examiner le Droit: ou finalement du contraſte, & du peu de fermeté des Iugemens.

Du trop grand amas des Loix.

APHORISME LIII.

IL *pleuura ſur eux des pieges,* dit le Prophete: où il eſt à remarquer qu'il n'y a point de plus dangereux pieges que ceux des Loix, principalement de celles qui ordonnent du ſupplice des Coûpables.

Que ſi elles ſont infinies, & ſi le Temps les rend inutiles; Alors tant s'en faut qu'elles eſclairent ceux qui cheminent, qu'au contraire, elles les offuſquent, & leur tendent des filets, pour les faire tomber.

APHORISME LIV.

IL y a deux raiſons pour faire vne nouuelle Ordonnance: l'vne confirme & fortifie les premieres, établies ſur le meſme ſujet: l'autre abolit tout ce qui a eſté ordonné auparauant; & ſubſtituë à ſa place vne Loy nouuelle, qui determine la mesme chose. I'approuue la derniere raison, dautant que ce qui procede de la premiere, est incertain & embarrassé. Car apres tout, y procedant de cette sorte, l'on vuide bien l'instance, mais le corps des Loix en est cependant rendu defectueux. Quant à la derniere, il se faut rendre soigneux d'agir auec beaucoup plus de precaution, durant le temps qu'on employe à deliberer sur cette mesme Loy, Et deuant que la faire, penser meurement à ce qui a esté déja fait. Aussi est-ce comme cela qu'on peut à l'aduenir fort bien accorder les Loix.

APHORISME LV.

C'ESTOIT vne coustume receuë parmy les Atheniens, que six hommes examinoient tous les ans les contraires Chefs des Loix, que l'on nomme *Antinomies*: & qu'aprés on proposoit au peuple les endroits qu'on n'auoit pû accorder, afin d'en determiner quelque chose de certain.

A l'exemple de ces peuples, il faut que ceux qui en châque police ont le pouuoir de faire des Loix, reuoyent les

Antinomies de trois en trois ans, ou de cinq en cinq, ou en tel autre temps qu'ils aduiseront pour le mieux; Qu'à cette fin l'on establisse des Deputez qui les voyent, à fin d'estre prests pour en faire leur rapport, & qu'apres cela se tienne vne assemblée de Ville, où par la pluralité des voix l'on arreste ce à quoy il s'en faudra tenir.

APHORISME LVI.

CEPENDANT, qu'on ne se trauaille pas trop à reconcilier ensemble les Loix contraires, & à sauuer, comme l'on me l'on dit, toutes choſes par des Diuiſions ſubtiles & recherchées. Car à preſent, ce ſoin exceſſif pourroit deuenir à l'eſprit vne toile trop penible à ourdir, s'il falloit qu'elle fuſt ſi deliée. Or bien qu'en ce trauail il y ſemble auoir quelque ſorte de reſpect & de modeſtie ; il doit neantmoins eſtre mis au nombre des choſes nuiſibles, pour ce qu'il rend tout le corps des Loix variable & mal tiſſu. D'ailleurs, il n'importe que le pire ſuccombe, pourueu que le meilleur ſe maintienne ſeul, & qu'il demeure debout.

APHORISME LVII.

QVE les Deputez proposent à l'Assemblée qu'il faut retrancher les Loix abrogées, & qui ne sont plus en vsage, aussi bien que les *Antinomies*. Car vn Statut exprés ne pouuant estre regulierement abrogé par la desaccoutumance, il arriue que par le mépris des Loix abolies, les autres en sont moins authorisées. A quoy i'adiouste, qu'il est à craindre que ce genre de tourment dont se seruoit le Tyran Mezentius ne s'en ensuiue, à sçauoir que *les Loix viuantes ne meurent dans les embrassemens de celles qui sont mortes.* Mais il faut sur tout bien prendre garde que la gangrene ne vienne à se mettre dans les Loix.

APHORISME LVIII.

IE DIS bien dauantage; C'est qu'en matiere de Loix, & de Statuts abolis, qu'on n'a pas nouuellement publiez, les Cours des Preteurs peuuent former opposition, & mesme decretter à l'encontre. Car encore que l'on n'ait pas mal dit : *Qu'il ne faut pas que personne presume d'estre plus sage que les Loix*; cela neantmoins se doit entendre des Loix, quand elles veillent, & non pas quand elles dorment. Or non seulement les Preteurs; mais aussi les Loix, le Conseil d'Estat, & les Puissances Souueraines, ont droit de prester main forte contre les nouuelles Ordonnances, qu'on estime nuisibles au Droit public. Pour ce mesme effet, ils en doiuent suspendre l'execution par Edits, ou par Actes, iusques à ce qu'on ait tenu des Estats Generaux, ou de telles assemblées, ayant pouuoir de les abroger, pour empescher cependant que le ſalut public ne coure fortune.

Des nouueaux Digeſtes des Loix.

APHORISME LIX.

QVE ſi les LOIX entaſſées les vnes ſur les autres, s'accroiſſent de telle ſorte, qu'on en pourroit faire pluſieurs Volumes; ou ſi elles deviennent tellement confuſes, que l'vſage requiere que l'on les reuoye de nouueau, pour les reduire en vn corps ſain & entier; Entreprenez cela par deſſus tout, comme vn Chef-d'œuure Heroïque, les Autheurs duquel ſont mis à bon droit au nombre des Legiſlateurs.

APHORISME LX.

ON peut purifier les Loix, & parfaire ce nouueau Digeſte, ſi l'on y obſerue cinq diuers moyens. Premierement, qu'on laiſſe les choſes qui ne ſont plus en vſage, & que Iuſtinien appelle *vieilles Fables*. De plus, Que des *Antinomies* on ne reçoiue que les plus approuuées, & qu'on aboliſſe les contraires. Troiſieſmement, Qu'on eſface les *Homionomies* , ou les Loix qui ſignifient vne meſme choſe ; & qui ne ſont que redites ; & que la plus parfaite d'entr'elles ſoit retenüe pour toutes. Quatriémement, Qu'en cas qu'il y ait des Loix qui ne determinent rien, mais qui propoſent ſeulement des queſtions qu'elles laiſſent aprés indeciſes, qu'on les rejette pareillement ; Et en dernier lieu, qu'on abrege celles qui ſont trop longues.

APHORISME LXI.

IE trouue fort à propos de mettre & ranger enſemble

dans ce nouueau Digeſte des Loix ; d'vn coſté celles qui ſont communément receües, de l'origine deſquelles il n'eſt preſque plus reſté de memoire ; & de l'autre, les Ordonnances qui ont eſté adioutées de temps en temps : veu qu'en pluſieurs choſes, quand on rend iuſtice l'on ne donne pas au Droit commun & aux Statuts vne meſme interpretation : Ce que Trebonian a fait au Digeſte & au Code.

APHORISME LXII.

QV'EN la Regeneration de ces Loix, & en la

en la nouuelle ſtructure des vieux Liures, où elles ſont contenües, on retienne entierement les paroles, & le texte des Loix; quand meſme il ſeroit neceſſaire de les recueillir par lambeaux, ou par petites parcelles, & qu'apres cela, elles ſoient tiſſuës enſemble par ordre. Car encore qu'à bien conſiderer la droite Raiſon, cela ſe pourroit mieux faire, par vn nouueau texte, que par cette rentraiture; Si eſt-ce que dans les Loix il ne faut pas auoir tant d'égard au ſtyle & à la Deſcription, qu'à l'authorité, & à leur ancien vſage, qui en eſt le Maiſtre tutelaire.

Autrement cét ordre ſembleroit eſtre plutoſt vn ouurage & vne methode d'Eſcolier, que le Corps des Loix, le propre deſquelles eſt de Commander, & de ſe faire obeïr.

Aphorisme LIII.

CE ſera choſe arreſtée par le nouueau Digeſte des Loix, que les anciens Volumes ne ſeront pas tout à fait abandonnez, ny mis en oubly : mais qu'on les plaſſera dans les Bibliotheques, quoy qu'on defende de s'en ſeruir communément, & indifferamment. Car il ne ſemblera pas hors de propos, de consulter & de voir les changemens & les suittes des Loix passées dans les causes d'importance. Aussi n'est-il pas nouueau de mesler aux choses de long-temps aduenuës celles qui arriuent encore tous les iours. Or ce nouueau corps de Loix doit estre entierement confirmé par ceux qui en chaque police ont la puissance d'en faire, de peur que souz pretexte de recueillir les vieilles, on n'en impose secrettement de nouuelles.

APHORISME LXIV.

IL ſeroit à deſirer que ce renouuellement des Loix ſe fiſt en des temps, qui en matiere de ſçauoir & de hautes connoiſſances fuſſent preferables aux plus anciens, dont on retracte les Actes & les Ouurages: Ce qui eſt arriué tout autrement de Iuſtinien. Car c'eſt vn mal-heur bien eſtrange, quand il aduient par le iugement & le chois d'vn age, où la Prudence & les Sciences ne ſont pas au poinct où il faudroit qu'elles fuſſent, que les ouurages de pluſieurs ſont mutilez, & compoſez de nouueau. Toutesfois il auient ſouuent que ce qui n'eſt pas le meilleur, ne laiſſe pas d'eſtre neceſſaire. Mais c'eſt aſſez parlé de l'obſcurité des LOIX, qui procede de leur trop grand & trop confus aſſemblage: Ie paſſe à leur Deſcription, quand elle ſe trouue obſcure & ambiguë.

De la Deſcription des Loix, obſcures & douteuſes.

APHORISME LXV.

CE qu'il y a d'obſcur dans la Deſcription des

Loix, procede, ou de la ſuperfluité des paroles qui s'y rencontrent, ou de leur trop grande briefueté, ou du prologue de la Loy, qui en rend defectueux le Corps, auquel il eſt contraire.

APHORISME LXVI.

IL faut maintenant traitter de l'obſcurité des Loix, qui s'engendre de leur mauuaiſe Deſcription. Le trop de paroles, dont on ſe ſert en preſcriuant les Loix ne me plaiſt nullement. Tant s'en faut auſſi que celuy qui en vſe, vienne à bout de ce qu'il veut,

& qu'il entreprend ; qu'au contraire, il s'en égare bien loing. Car s'efforçant d'exprimer châque Cas particulier en termes choisis, & qui luy semblent fort propres ; sur la croyance qu'il a de les donner auec plus de certitude, il fait naistre quantité de questions sur les mots. De sorte que l'interpretation selon le sens de la Loy, le plus veritable & le plus sain, en deuient beaucoup plus difficile, à cause du bruit & de l'embarras des parolles.

APHORISME LXVII.

IL ne faut pas neantmoins approuuer vne briefueté trop concise, & trop affectée, pour l'opinion que l'on a (sur tout au siecle ou nous sommes) lors qu'elle en est plus graue, & plus majestueuse; autrement il faudra craindre, qu'il n'aduienne de la Loy comme de la Reigle Lesbienne. On doit donc rechercher la mediocrité, & se tenir dans les termes generaux, qui estãt bien appliquez, s'ils n'expriment pas exactement les Cas contenus dans les Loix, ils excluent

excluent au moins aſſez clairement ceux qui n'y ſont pas compris.

APHORISME LXVIII.

ON ne doit pas laiſſer pourtant d'expliquer plus au long, & de monſtrer comme au doigt, ſelon la portée du peuple, toutes choſes dans les Loix, & dans les Edicts ordinaires, & politiques, où l'on ne conſulte pas les Iuriſconſultes, mais chacun s'en remet à ſon propre ſens.

APHORISME LXIX.

SI ie pouuois souffrir la Coustume des Anciens, ie n'approuuerois pas beaucoup les Prologues, qu'autresfois on a iugez impertinents, pource qu'ils introduisent des Loix qui Disputent, & non pas qui Commandent. Mais bien souuent, sur tout en ce temps-cy, telles Prefaces sont adioustées par necessité, non pas tant pour seruir d'explication, comme de persuasion à la Loy, pour la rapporter en plains Estats; & pareillement pour satisfaire le peuple. Ie ſuis d'aduis toutesfois qu'on les euite le plus qu'il ſera poſſible, & que l'on commence la Loy par le Commandement.

APHORISME LXX.

BIEN que l'Intention & la Raiſon de la Loy ne ſoient pas quelquesfois mal tirées des Prefaces, vulgairement appellées Préambules; ce n'eſt pas de-là neantmoins que ſe doit entẽdre leur eſtenduë. Car on remarque ſouuent dans la Preface ce qui eſt de plus plauſible & de plus ſpecieux, pour ſeruir d'Exemple; au lieu que la Loy eſlargit beaucoup plus; & que tout au cōtraire, elle reſtreint ſouuent, & limite quantité de choſes, ſoit qu'il ait eſté beſoin de dire pourquoy, ſoit qu'il ait falu inſerer la cauſe dans la Préface. D'où il ſe voit qu'on doit prendre la Dimenſion & l'eſtenduë de la Loy, d'elle-meſme; pource que le Préambule s'emporte ſouuent, ou plus loin, ou moins auant qu'il ne ſeroit neceſſaire.

APHORISME LXXI.

C'EST vne maniere fort vicieuſe, de preſcrire les

Loix, lors que le Cas ſur lequel la Loy a eſté faicte, eſt amplement exprimé dans la Préface, & que le Corps de la Loy y eſt encore rapporté par la force du mot TEL, ou d'vn Relatif ſemblable : D'où il aduient que le Préambule ſe trouue inſeré & incorporé à la Loy meſme. Ce qui eſt obſcur, & moins certain, pource qu'on n'a pas accoûtumé d'examiner les paroles de la Préface, auec autant de ſoin que l'on en apporte à peſer celles de toute la Loy.

Ie traitteray plus au long cette partie de l'incertitude des Loix, qui procede de leur mauuaiſe Deſcription, quand ie parleray cy-apres de leur Interpretation. Et partant ce que i'ay dit de leur obſcurité me ſemble ſuffire. Il faut maintenant venir aux moyẽs d'eſclaircir le Droict, & de le bien expliquer.

De la maniere d'expliquer clairement le Droict, & d'en oſter les ambiguitez.

APHORISME LXXII.

IL y a cinq manieres d'expliquer clairemẽt le Droit, & d'en effacer les doutes. Ce que l'on fait, ou par les Enregiſtremens des Sentences, ou par les Autheurs approuuez, ou par les Liures qui aydent à cela, ou par les Leçons, ou par les Reſponſes, & Conſultations des meilleurs Iuriſconſultes. Toutes leſquelles choſes iointes enſemble, apporteront vne grande lumiere à l'obſcurité des Loix.

De l'Enregiſtrement des Sentences.

APHORISME LXXIII.

QV'AVANT toutes choſes, on recueille auec ſoin & fidelité les Iugemens donnez aux Cours Souueraines, & aux Causes d'importance; principalement si elles sont douteuses, ou s'il y a quelque chose qui soit difficile, & mesme quelque nouueauté. Car les Iugemens se peuuent nommer les Anchres des Loix, comme les Loix le sont de la Republique.

APHORISME LXXIV.

LA maniere de recueillir ces Iugemens, & de les reduire par escrit, doit estre telle. Escriuez precisément les Cas, & les Sentences exactement : Adioustez y les

Raisons

Raiſons, ſur leſquelles ſe ſont fondez les Iuges pour les donner. Puis gardez-vous de meſler l'authorité des Cas qu'on aura mis pour ſeruir d'Exemple, auecque les principaux; & paſſez ſous ſilence les Plaidoyers, s'il n'y a quelque choſe de beau, & de remarquable.

APHORISME LXXV.

QVE ceux qui recueilliront ces Iugemens, ſoient les plus celebres d'entre les Aduocats, qu'on payera de leurs peines aux deſpens du public : Qu'auec cela les

Iuges s'abſtiennent de faire ces Enregiſtremens ; de peur qu'eſtans trop attachez à leurs opinions ; & ſe faiſant forts de leur propre Authorité, ils ne paſſent les bornes des Rapporteurs

APHORISME LXXVI.

RANGEZ ces Iugemens par ordre, & par ſuitte de Temps, non par methode, & par Tiltres. Car telles Eſcritures ſont comme les Hiſtoires & les Narrations des Loix ; Et non ſeulement les Actes meſme ; mais auſſi les Temps, durant leſquels ils ont esté faits, donnent de la lumiere au Iuge prudent.

Des Autheurs authentiques.

APHORISME LXXVII.

COMPOSEZ le Corps du Droict des Loix mesme, qui font le Droict commun: puis des Constitutions, & des Statuts; en troisiesme lieu des Iugemens enregistrez. Qu'on n'y mette apres cela rien d'authentique, ou si on l'y met, que ce soit fort rarement.

APHORISME LXXVIII.

IL n'y a rien de ſi important pour la certitude des Loix, dont nous parlons maintenant, que de retenir dans certaines bornes les Eſcrits Authentiques; Comme encore de reietter le trop grãd nombre d'Autheurs, & de Docteurs de Droict: Car il s'enſuit de-là que l'intention des Loix eſtãt déchirée, le Iuge ne peut rien reſoudre, tant il ſe trouue eſtonné. Adiouſtez-y que les Procez deuiennent immortels, & que l'Aduocat meſme ne pouuant ny lire, ny venir à bout de tant de Liures, eſt contraint de recourir aux Abregez. Il n'eſt pas incompatible pourtant, qu'on ne reçoiue pour Authentiques quelques bonnes Gloſes, & quelques-vns des meilleurs Autheurs, mais fort peu de leurs Liures. Toutesfois, qu'on garde les autres dans les Bibliotheques ; afin que les Iuges, ou les Aduocats y puiſſent voir leurs Traitez, quand il en ſera beſoin: Mais qu'il ne ſoit pas permis de les alleguer en plaidant, & qu'on ne s'y arreſte point.

Des Liures dont on peut s'ayder.

APHORISME LXXIX.

QV'ON ne priue ny la Science, ny la Practique du Droict, des Liures qui peuuent estre vtiles; mais que l'on en fasse plustost prouision. Il y en a de six sortes. Les *Institutes*, le tiltre *de la Signification des Mots*, celuy des *Regles du Droict*; les *Antiquitez des Loix*, leurs *Sommaires*, & les *Formules des Actions*.

APHORISME LXXX.

PAR les Inſtitutes il faut diſpoſer au Droict les Apprentifs, & les ieunes Eſcoliers, afin qu'ils en puiſſent mieux comprendre la Science, & les difficultez. Que l'on compoſe ces Inſtitutes auec vn bon ordre, & qui ſoit bien clair; Qu'on y parcoure tout le Droict particulier, ſans y obmettre certaines choſes qui ſont comme neceſſaires, & ſans s'arreſter auſſi par trop à d'autres; de chacune deſquelles on fera ſi bien le choix, pour en parler ſuccinctemẽt, que celuy qui lira le Corps des Loix, n'y trouue rien qui luy ſoit entierement nouueau, & dont il n'ait dé-ja quelque legere teinture. Mais qu'on ſe ſouuienne ſur tout, de ne point toucher dans les Inſtitutes, & à ce qui eſt du Droict public, qui ſe doit puiſer des ſources meſmes.

APHORISME LXXX.

FAITES vn Commentaire des mots du Droict, ſans vous arreſter auec trop de ſoin, & de curioſité, à les expliquer, ny à leur donner vn ſens qui vous ſemble le meilleur

meilleur de tous. Car il n'eſt pas queſtion icy de rechercher exactement les Definitions des mots ; mais bien les ſeules Explications, qui apprennent à entendre auec facilité les Liures du Droict. Ne dreſſez pas ce Traitté par les lettres de l'Alphabet : Faites-en ſeulement vne Table, & mettez enſemble tous les Mots qui ſont ſur la meſme Matiere ; afin que l'vn puiſſe ſeruir à l'intelligence de l'autre.

APHORISME LXXXI.

IL n'y a rien de plus important à ſçauoir les Loix

auec certitude, qu'vn bon & curieux Traité *des diuerses Regles du Droict*. Mais il faut qu'il soit fait par d'habiles Hommes, & par de sages Iurisconsultes : car ie ne trouue pas bien ce qui a esté fait sur ce suiet. Ce Recueil doit estre non seulement des Regles qui sont dé-ja fort connuës; mais aussi des plus subtiles, & des moins euidentes qu'on peut tirer de l'harmonie des Loix, & des Iugemens donnez. On doit mettre en ce nõbre celles qui se trouuent par fois dans les bonnes Rubriques, & qui sont certaines choses generales que la Raison dicte, qui parcourent les diuerſes matieres de la Loy, & ſont comme *le gros grauier* du Droict.

APHORISME LXXXII.

QVE châque Ordonnance ou Diſpoſition du Droict, ne ſoit pas priſe pour vne Regle, comme il ſe practique d'ordinaire fort mal à propos. Car ſi cela auoit lieu, il y auroit autant de Regles qu'il y a de Loix, veu que la Loy n'eſt autre choſe qu'vne Regle qui commande. Tenez donc pour Regles celles qui ſont attachées à la Forme de la Iuſtice. D'où il aduient que le plus ſouuent les meſmes Regles ſe rencontrent dans les Droicts Ciuils des Republiques diuerſes, ſi de hazard elles ne chãgent, pour le rapport qu'elles ont aux formes des Polices differantes.

Aphoris. LXXXIV.

Apres auoir exprimé la Reigle en peu de mots eſſentiels & ſolides; que l'on y adiouſte les Exemples, & aux Exemples les Deciſions des Cas, qui ſont extremement claires; afin qu'elles ſeruent d'explication; & outre cela, les Distinctions, & les Exceptions pour Limites: Car toutes ces choses seruent grandement à estendre, & accroistre cette mesme Regle.

APHORISME LXXXV.

IL n'est pas ordonné sans raison de ne point tirer le Droict des Regles, mais de fonder & faire la Regle sur ce qui est du Droict. Aussi ne faut il pas tirer la preuue des mots de la Regle, comme si c'estoit le Texte de la Loy. Car la Regle monstre la Loy, comme la Boussole les Poles; & toutesfois elle ne l'establist pas.

APHORISME LXXXVI.

OVTRE le Corps mesme du Droict, il seruira grandement de considerer les Antiquitez des Loix; qui ne laissent pas d'estre respectées, quoy que leur authorité soit perduë. Que l'on tienne pour Antiquitez des Loix, ce qu'on a escrit sur elles, & sur diuers Iugemens donnez; soit que ce qui a precedé en temps les Corps des Loix se treuue imprimé, soit qu'il ne l'ait iamais esté: Car il ne faut nullement laisser perdre ces vieux Monumens, ou ces anciennes marques du Droict. C'est pourquoy vous en tirerez ce qu'il y aura de plus profitable, parmy plusieurs choses invtiles. Cela fait, il les faudra reduire en vn seul Volume, de peur, comme dit Tribonian, *Que les vieilles Fables ne se meslent auec les Loix mesmes.*

APHORIS. LXXXVII.

IL importe grandement à la Practique, que le Droict vniuersel soit reduit par ordre en lieux communs, & en Titres; où, quand l'occasion s'en presentera, chacun pourra recourir, pour y trouuer, comme en vn lieu reserué, ce dequoy il aura besoin. Car dans ces Liures d'Abregez est mis parordre ce qu'il y a d'épars çà & là; si bien qu'on y trouue reserré tout ce qui est espandu dans la Loy. Mais il faut bien prendre garde que ces Abregez ne fassent negliger aux bons Practiciens, d'apprendre la science mesme. Le propre de ces Sommaires est de rappeller le Droict à la memoire, & non pas de l'insinuer. Mais pour empescher qu'ils ne desrobent quelque chose des Loix, il ne faut pas auoir moins de soin & de fidelité

delité, que de iugement à les bien dresser.

APHORIS. LXXXVIII.

QV'ON ramasse les diuerses Formules d'Instances, en châque genre d'affaires. Car outre qu'elles importent à la Practique, elles découurent encore les Oracles, & les secrettes Intentions des Loix, où il y a quantité de choses cachées. Mais dans les Formules des Instances, elles paroissent beaucoup mieux, & plus étenduës, comme le poing & la paulme de la main.

Des Aduis de Conseil.

APHORISME LXXXIX.

IL faut chercher quelque expedient asseuré, pour démesler & resoudre les doutes particulieres, qui arriuent de temps en temps. Car c'est vne chose bien facheuse, que ceux qui veulent s'empescher de faillir, & de s'esgarer, ne trouuent ny Conducteur ny Guide : Que les Actes mesme soient en danger de ne rien valoir; & qu'on ne connoisse aucunement ce que c'est de Droict, auant l'expedition d'vne affaire.

APHORISME XC.

IE ne puis approuuer que les Aduis de Conseil, que les Docteurs & les Aduocats donnent sur vn poinct de Droict à ceux qui les viennent consulter; ayent tant d'authorité, qu'il ne soit pas permis au Iuge de s'en esloigner. Que le Droict soit pris des Iuges iurez.

APHORISME XCI.

IE ne trouue pas bon non plus, qu'on tasche d'obtenir des Sentences, sous des

Causes & des Personnes supposées, afin d'apprendre par ce moyen ce qu'on tiendroit sur vn fait semblable. Cela deshonore la Majesté des Loix, & doit estre reputé pour vne espece de Preuarication. Or c'est vne chose monstrueuse, que de voir les Sentences tenir ie ne sçay quoy du Theatre.

APHORISME XCII.

QVE ce soient donc les seuls Iuges, qui puissent donner des Sentences, & des Aduis de Conseil, tant à l'égard des Procez, qui sont pendans; que des plus difficiles Queſtions du Droict, propoſées ſur vne Theſe. Qu'auec cela on ne demande iamais aux Iuges ces Aduis de Conſeil, ſoit dans les affaires particulieres, ſoit dans les publiques : Car ſi telle choſe ſe faiſoit, le Iuge deuiendroit Aduocat. Il faut donc attendre ces Aduis, ou du Prince, ou de la Republique, qui les commettront aux Iuges; Et alors en vertu de ce pouuoir, ils ſont obligez d'ouyr les Plaidoyers des Aduocats, nómez par les Parties, ou donnez par les Iuges meſmes, s'il en eſt beſoin. Qu'alors dis-je, ils escoutent leurs raisons ; & apres y auoir bié pensé, qu'ils rendent Iustice, & qu'ils Prononcent. Pour conclusion, que ces Aduis de Conseil, soient mis au rang des Sentences ; qu'on les publie, & qu'ils ayent mesme authorité.

Des Leçons de Droict.

APHORISME XCIII.

QV'ON instituë, & qu'on ordonne de telle sorte les Leçons de Droict, & les Disputes qui sont dans les Escoles publiques, pour exercer ceux qui estudient ; que l'vn

& l'autre tendent plutost à decider paisiblement les Questions, & les Controuerses qui se trouuent dans la Iurisprudence, qu'à les émouuoir par vne vaine ostentation. Car c'est maintenant le jeu de la plusspart, de proposer quantité de Questions sur le Droict, & d'en disputer, non pas tant pour s'instruire, que pour faire vne specieuse montre de leur esprit. C'est vn mal des Anciens, qui est venu iusques à nous : Car ils se piquoient de fomenter, plutost que d'esteindre diuerses disputes qu'ils émouuoient ; pour lesquelles ils se partageoient, comme par Factions & par Actes. Prenez garde que cela n'arriue.

De l'Incertitude des Iugemens.

APHORISME XCIV.

LES Sentences que donnent les Iuges, ſont incertaines & chancelantes; lors que cela procede, ou d'vne trop grande precipitation, ou de la ialouſie qui ſe meſle d'ordinaire parmy des Cours differentes; ou du peu de ſoin qu'on ſe donne de bien Enregiſtrer les Iugements, ou de ce qu'on les rend de nul effet par la par la voye de l'Appel, qui n'eſt que trop libre, & trop ouuerte à tous ceux qui plaident. C'eſt pourquoy il faut ſoigneuſement prendre garde, à ne prononcer iamais de Sentence, qu'on n'y ait auparauant bien & meurement penſé. Il eſt donc raiſonnable, & vtile enſemble ; Que les Iuriſdictions & les Cours, quoy que diuerſes, ſe rendent vn honneur mutuel ; Que les Iugements qui ſe donnent, ne ſoient pas moins prudemment que fidellement Enregiſtrez ; & que le chemin par lequel on les annulle, ſoit eſtroit, raboteux, & par maniere de dire, tout ſemé de pieges.

APHORISME XCV.

DE quelque nature que ſoit vne Affaire, s'il aduient qu'elle ait eſté iugée en vne Cour Souueraine, & qu'il s'en preſente depuis vne autre pareille; qu'on ſe garde bien de la iuger, qu'on n'ait premierement aſſemblé toutes les Chambres, pour deliberer là deſſus. Car ſi l'affaire requiert qu'on reforme l'Arreſt, qui a eſté dé-ja donné, on doit auoir ſoin à tout le moins de l'enſeuelir auec honneur.

APHORISME XCVI.

C'EST vn effet de la foiblesse humaine, de voir diuerses Cours disputer ensẽble, à cause de leur Iurisdiction; & ce d'autant plus, que tels differends s'entretiennent d'ordinaire par les mauuaises Sentences, qui se fondent sur cette maxime, *Que tout bon Iuge, s'il a tant soit peu de cœur, doit estendre sa Iurisdiction le plus qu'il peut* : D'où il s'ensuit qu'en cette Matiere on se sert de l'Espron, où il se faudroit seruir de la Bride. Mais d'espreuuer en effet que telles Contentions soient cause. que ces Cours qui les fomentent, cassent & annullent les Sentences, qu'ils ont données de part & d'autre, sur des choses mesmes qui ne les regardent pas; c'est à vray dire, vn mal insupportable, & auquel les Roys & le Parlemēt, ou la Police deuroient donner ordre, par le chastiment qu'il en faudroit faire. Car c'est vne chose de tres-mauuais exemple, de voir des Iuges s'entrebattre, & se faire ainsi la guerre; au lieu que c'est à eux de maintenir les autres en Paix.

APHORISME XCVII.

Q'ON prenne bien garde à ne ſe pouruoir pas ſi aiſément par voye d'Appel, par *propoſition d'Erreur*, par *Reviſion*, & par ſemblables moyens, où l'on n'a pour but que de faire caſſer les Iugemens, apres qu'on les a donnez. En quelques Iuriſdictions, c'eſt la couſtume d'éuoquer pardeuant le Iuge principal, le Procez dont il eſt queſtion, comme s'il ne venoit que d'eſtre intenté; ſi bien que ſans auoir égard aux pourſuittes dé-ja faites, la

Sentence donnée par le Iuge Subalterne, ne laisse pas d'estre suspenduë : Comme au contraire, en d'autres endroits elle demeure bien en sa vigueur ; mais elle n'est pas mise à execution. Pour moy, ie n'approuue ny l'vn ny l'autre, si ce n'est en cas que le jugement ait esté rendu dans quelque basse Iustice : Car il me semble plus raisonnable de le faire subsister, & de proceder à son execution, apres auoir ordonné que le Defendeur sera tenu de bailler bonne & suffisante Caution de tous les despens, & les dommages, qui se trouueront auoir esté faits, en cas que le Iugement vienne à estre reuoqué.

DV DEVOIR du Iuge.

Ce Discours, & les suiuans sont tirez des Oeuures Politiques de l'Autheur, & ie les ay adioustez icy, pource qu'ils m'ont semblé propres au sujet.

IL faut que les Iuges se representent que c'est le deuoir de leur Charge d'expliquer les Loix, & non pas d'en faire de nouuelles. Eux mesmes doiuent estre plus Doctes qu'Ingenieux, plus Venerables que Populaires, & plus Aduisez que Prompts, & Hardis. Mais sur tout l'Integrité de Vie est la Vertu qui leur conuient propremēt. *L'Homme*, dit la Loy, *qui oste les bornes d'vne Terre, est maudit*; & digne de blâme, s'il les transporte ailleurs malicieusemēt, & contre sa Conscience.

Cela se peut dire du Iuge, quand il donne des Sentences iniustes, au preiudice des Possessions, & des Biens d'autruy. Tels Arrests sont beaucoup plus dommageables que plusieurs mauuais Exemples, dautant que ces derniers ne

sont

font que troubler le courant de l'Eau, au lieu que ces autres gaſtent la Fontaine entiere. Salomon le témoigne aſſez, quand il dit, *Que le Iuſte qui perd ſa Cauſe deuant ſa Partie aduerſe, eſt vne Fontaine troublée, & vne Source corrompuë.*

Il y peut auoir relation de l'Office du Iuge aux Parties qui plaident, enſemble aux Aduocats, aux Greffiers, & à tels autres Officiers de Iuſtice, qui ſont ſubalternes au Iuge, & au Souuerain, ou à l'Eſtat qui a de la juriſdiction ſur luy meſme. *Il eſt des perſonnes*, dit l'Eſcriture, *qui conuertiſſent vn Iugement en Abſynthe*; & d'autres encore qui le transmuent en Vinaigre, à cause que l'Injustice le rend amer, & le Delay l'aigrit.

Le Deuoir principal d'vn Iuge, est de supprimer la Force, & la Tromperie: dont l'vne est pernicieuse, quand elle se manifeste; & l'autre d'autant plus à craindre, qu'elle paroist moins, & se déguise dauantage. A quoy se rapportent les Chicanneries, ou les Procez contentieux; lesquels, comme viandes mal digerées, doiuent estre reiettez du siege de Iustice.

Le Iuge est obligé de se frayer vn chemin, pour iuger

equitablement, à l'imitation de Dieu, qui se prepare vne voye, haussant les Vallées, & applanissant les Montagnes. Ie veux dire par là, que si de quelque costé que ce soit, les Forces paroissent grandes, les Poursuittes violentes, les Artifices aduantageux, les Brigues puissantes, & les Aduocats bien instruits; c'est alors qu'on peut remarquer la Vertu du Iuge à rendre égale l'inegalité, pour pouuoir apres, sans aucun obstacle, & pleinement prononcer l'Arrest.

Le Prouerbe qui dit, *Qu'à force de se moucher, l'on fait sortir le sang*, & que le Vin deuient aigre ; quand le pressoir tire trop de liqueur du raisin, apprend aux Iuges, à fuir les Interpretations rigoureuses, & les Consequences forcées; puis qu'il n'est point de pire gesne que de violenter les Loix, principalement celles où il s'agit de la Peine. Ils doiuent estre soigneux de ne tourner à seuerité ce qui ne tend qu'à terreur ; & de n'attirer sur le peuple cette pluye dont parle le sacré Texte, disant, *Que des Pieges pleuuront sur eux* ; attendu que les Loix, que l'on nomme *Penales*, executées à la rigueur, sont comme autant de pluyes d'entraves sur le peuple. Voila pourquoy si elles ont dormi longuement, & ont esté par trop assoupies. Le Iuge, deuant que passer outre, & en venir à l'execution, doit meurement considerer

L'Occasion, le Temps, & l'estat des Affaires.

Aux Matieres criminelles, les Iuges se doiuent proposer la Clemence, autant que les Loix le peuuent permettre, & tenir l'œil de Seuerité sur l'Exemple, mais regarder auec compassion la Personne. La Patience & la Grauité sont les parties essentielles du Iuge, que ie compare à vn Instrument de Musique mal accordé, s'il a trop de langage, & d'effronterie.

Ie ne puis appeller Dexterité en vn Iuge, de preuenir de soy-mesme ce qu'il peut apprendre en temps, & lieu, par la bouche des Aduocats. Ie n'approuue non plus, que pour faire montre de la subtilité de son bel Esprit, il luy aduienne d'interrompre les Plaidoyers, & l'Examen des Tesmoins, ou de deuancer l'Information par vne infinité de demandes, bien que faites à propos.

Les principales parties du Iuge, sont quatre: La premiere, de mettre les preuues en eſtat : La ſeconde, de moderer les trop longs diſcours, les redites, & les paroles impertinentes : La troiſieſme, de faire vne eſlite, & vne conference des points les plus importans, qui ont eſté mis en auant ; Et la quatrieſme, de prononcer l'Arreſt, ou la Sentence là deſſus. Tout ce qui paſſe au-delà de ces bornes n'eſt rien que ſuperfluité, qui procede, ou d'vne eſpece de vaine Gloire, ou d'vn trop grand deſir de parler, ou de l'Impatience qu'on a de ſe faire ouyr, ou d'vne foibleſſe de Memoire, ou d'vn defaut d'Attention bien reglée.

C'est vne chose merveilleuse, de voir que l'audacieuse cajollerie des Aduocats, gaigne quelquesfois le dessus à l'authorité des Iuges, qui à l'imitation de Dieu, au Siege duquel ils sont assis, deuroient plutost raualler les Orgueilleux, & faire grace aux Humbles. Mais c'est bien encore vn fait plus estrange, de dire que l'vsage des Temps permette aux Iuges de fauoriser en particulier quelques Aduocats de leur connoissance ; d'où il faut de necessité que s'ensuiue vn accroissement de salaire, & vn soupçon

çon apparent de n'aller pas le grand chemin.

Le Iuge doit fauoriser de parole les Aduocats, qui ont bien sceu debattre vn fait, & s'y comporter auec discretiõ, principalement auec ceux de la Partie qui a perdu son Procez : car c'est la chose du monde qui maintient le mieux la reputation d'vn Aduocat enuers sa Partie, & qui rauale l'opinion de sa Cause.

Il faut encore que pour le bien du Public, le Iuge se montre discret à reprendre les Aduocats, s'il découure en eux vn malicieux Conseil, vne manifeste nonchalance, vne

Information telle quelle, vne indiſcrette importunité, ou finalement vne trop audacieuſe Defenſe.

Il n'eſt nullement de la bien-ſeance, que l'Aduocat ſe tire des bornes de la Modeſtie, en parlant au Iuge, ny qu'il recommence à plaider, apres que le Iuge a prononcé ſon Arreſt. Mais il ne faut pas auſſi que le Iuge ne voye la cauſe qu'à demy, afin de ne donner ſuiet à la Partie, de dire qu'on n'a daigné ouyr ny ſon Aduocat, ny ſes Preuues.

Quant à ce qui touche les Huiſſiers, les Clercs, & ainſi

des autres ; comme le lieu de la Iuſtice eſt ſacré, il faut conſeruer ſans ſcandale, & ſans corruption, non ſeulement le Siege où elle ſe tient, mais ſon marche-pied meſme, & toutes ſes bornes & ſes dependances. Car comme les raiſins ne viennent point des ronces, ny des chardons, ainſi c'eſt vne choſe impoſſible que la Iuſtice puiſſe produire vn fruict ſauoureux, parmy les épines & les buiſſons de ces Officiers qui en prennent à toutes mains.

Les Sieges de Iuſtice ſe trouuent ſuiets ordinairement à quatre meſchans inſtruments.

Les premiers sont certains Chicanneurs, ou Faiseurs de Procez, qui font grossir les Parquets, & amaigrir les pauures Parties. Les seconds, ceux qui semant la Diuision dans les Iurisdictions, les animent l'vne contre l'autre; & lesquels, à parler proprement, sont plutost les *Escornifleurs*, que *les Amis de la Cour*, la transportans au de-là des limites requises, afin d'en tirer cependant des aduantages & des aduances. L'on met au troisiesme rang, ceux qui meritent d'estre estimez les bras gauches des Sieges de Iustice, comme pleins de pernicieux

Artifices, par le moyen desquels ils peruertissent la vraye route qu'il faut tenir, tirant l'Equité dans certaines lignes obliques, & en des Labyrinthes confus. La quatriesme espece est de ces autres qu'on nomme *Exacteurs de salaires*, qui verifient la ressemblance commune qu'il y a entre les Cours de Iustice, & les Cabanes, sous lesquelles les pauures Brebis sont dépoüillées de leur laine, quand elles s'y pensent mettre à couuert, en temps d'orage & de pluye.

Or ie trouue pour moy, qu'vn Greffier qui sçait bien tenir vn Registre, & dont la

Prudence en ses Procedures, se ioint à l'intelligence qu'il a des affaires d'vne Iurisdiction, est vn excellent Doigt à la Cour, qui montre la plus part du temps au Iuge le chemin qu'il luy faut tenir.

En vn mot, les Iuges doiuent sur toutes choses, se souuenir de cette conclusion des douze Tables Romaines, *Que le salut du Peuple est la souueraine Loy.* Où il faut qu'ils sçachent encore, que si les Loix ne s'adressent à cette fin, elles ne sont qu'autant d'embarras, & d'Oracles mal inspirez. C'est ce qui me fait dire, Que bien-heureux est l'Estat, dans lequel le Prince, ou les Seigneurs, entrent ſouuent en Conſultation auecque les Iuges, & où ceux-cy de meſme ne font rien, ſans l'aduis du Prince, & des Seigneurs; ſoit qu'en matiere d'Eſtat il s'agiſſe de la deciſion de quelque Loy, ſoit qu'il y ait vn meſlange de l'vn & de l'autre. Car il ſe peut faire bien ſouuent, qu'en la choſe dont il eſt queſtion en Iugement, mon propre bien & celuy de mon Prochain y courent fortune, quand la Cauſe ou la conſequence qui en eſt tirée, ſe rencontre dans la conionɛture d'vne matiere d'Eſtat.

Où il faut remarquer, que i'appelle matiere d'Estat, non seulemẽt les parties de la Souueraineté ; mais toute autre chose capable d'introduire vne importante Reuolution, ou quelque dangereux Exemple, ou qui touche manifestement la plusspart du Peuple. Or on ne doit pas estre si peu Iudicieux ; que de s'imaginer qu'il y ait quelque antipathie entre les Loix qui sont iustes, & la vraye Science Politique, tous les deux estans semblables aux Esprits, qui ont leurs mouuements les vns dans les autres. Les Iuges ont aussi à se remettre en memoire, que

le Trosne

le Throſne de Salomon eſtoit ſupporté par des Lyons des deux coſtez. Cela eſtant, qu'ils taſchent pareillement de paroiſtre de vrais Lyons ſous vn Throſne, & d'vſer de la Prudence vrayement requiſe, de peur qu'ils ne ſemblent s'oppoſer aux Maximes de la Souueraineté. Auecque cela, ils ne doiuent pas eſtre ſi dépourueus de raiſon, de penſer que ce ne ſoit vne des principales parties de leur Charge, d'vſer des Loix auec la diſcretion requiſe, & de les bien appliquer. Qu'ils ſe reſſouuiennent donc, que ſainct Paul parlant d'vne Loy plus importante que n'eſt celle qui vient d'eux: *Nous ſçauons*, dit-il, *que la Loy n'eſt point mauuaiſe de ſoy, pourueu que l'vſage en ſoit legitime.*

DES REQVESTES & des Supplians.

L'On entreprend quantité d'Affaires, entre leſquelles les Particuliers gâtent le bien du Public; Et l'on en proiette auſſi de bonnes, auec vne mauuaiſe intẽtion. Quelques-vns admettent des Requeſtes, ſans deſſein d'y reſpondre iamais; iuſques à ce que s'aduisant qu'en l'Affaire dont il est question, il y peut auoir de la Brigue d'ailleurs, ils s'en acquittent à la legere, soit pour en tirer vn Remerciment, ou quelque recompense sous main, soit pour profiter cependant des pretentions, & de l'esperance des Supplians.

Il y en a d'autres qui ne reçoiuent les Requestes, qu'auec dessein d'en mettre en peine plusieurs, ou de faire de nouuelles Informations sur le Fait dont il s'agit, s'aydant de cette occasion, pour ce qu'il ne s'en presente point de meilleure; sans se soucier non plus qu'auparauant de ce que la Requeste deuient, pourueu qu'ils puissent voir vne fin à leurs pretentions. Ceux-là ne sont guéres meilleurs que les autres, qui prennent les Requestes, auec vne entiere resolution de les laisser descheoir, afin de fauoriser l'aduerse Partie.

En quelque Requeste que l'on puisse faire, si c'est en matiere de controuerse, il y a sans doute vne Raison interne, ou de Iustice, ou d'Equité, ou bien de Merite, si elle tend à demander vne Grace. Si l'affection oblige l'Homme à fauoriser la Partie qui à moins de raiſon en Iuſtice; Qu'en tel cas, pour épargner ſon honneur, il taſche plutoſt d'accommoder l'Affaire, que d'en prendre la charge entiere. Que ſi cette meſme affection l'induit à obliger quelqu'vn, qui n'en ſoit pas ſi digne qu'vn autre, qu'il le faſſe diſcrettement, & ſans déroger en rien à la valeur de la Partie qui a le plus de merite. Au reſte, quand on a preſenté à vn Homme quelque Requeſte qu'il n'entend pas; il eſt bon qu'il s'en remette au Iugement d'vn Amy, qui luy ſoit affidé, afin d'apprendre de luy, s'il en peut traitter auec honneur.

Les Supplians sont si dégoustez des remises, & des abus qu'ils voyent pratiquer tous les iours, qu'au lieu de les amuser, il n'est rien meilleur ny plus honorable, que de les éconduire d'abord, s'il en est besoin; ou de leur dire librement en quel estat sont leurs Affaires, & ce qui en est arriué, sans en prendre plus grande reconnoissance, que celle des salaires adiugez.

En matiere de Requeste de faueur, c'est vn fort petit aduantage que de preuenir les autres. L'on doit neantmoins auoir tant d'égard à la confiance du Suppliant ; que si l'on ne peut tirer connoissance du Fait, autrement que par son moyen, l'on se desiste de se seruir de l'Aduis à son preiudice, veu qu'en tel cas le meilleur sera de l'appliquer à d'autres expediens.

Comme tenir pour indifferent, que la Requeste qu'on fait soit iniuste ou non, tesmoigne que l'on manque de Conscience ; Ainsi c'est simplicité, de ne sçauoir pas le prix de la Grace qu'on nous demande.

Il n'est point de meilleur moyen, pour auoir expedition de ce qu'on pretend, que d'estre secret en ses Affaires? Car de s'aller vanter qu'elles sont bien acheminées ; cóme c'est vne chose capable de retenir quelques Concurrens, & les empescher de passer outre, elle en peut susciter aussi plusieurs autres.

Pour ne courir fortune d'estre éconduit d'vne Requeste ; il faut sçauoir prendre l'Occasion & le Temps. I'vse icy du mot d'Occasion, ou d'Opportunité, tant pour le regard de la Personne qui doit octroyer la Grace, que de ceux en qui se remarque quelque apparence de la pouuoir empescher. Quant à l'E-

lection

lection du moyen conuenable, il vaut mieux choisir le plus commode que le plus grand, & se seruir d'hommes qui ne se meslent que d'Affaires particulieres, plutost que de ceux qui se font Arbitres de toutes choses. L'on tire quelquesfois autant de profit d'estre refusé, que d'obtenir d'abord ce qu'on desire d'auoir, pourueu neantmoins que l'on n'ait montré d'en receuoir vn secret mécontentement: *Iniquum petas, vt æquum feras.*

Il n'appartient qu'à des Hommes grandement fauorisez, *De demander vne chose iniuste, pour en soustenir vne qui soit equitable*. Autrement il sera beaucoup meilleur d'accroistre plutost les Demandes. Car il y a de l'apparence, que celuy qui du commencement a voulu courir fortune de perdre l'affection du Suppliant, prendra garde enfin à ne se priuer ensemble de l'amitié de luy-mesme, & de la Grace qu'on luy aura premierement accordée. L'on tient qu'il n'est rien si facile à demander à vn Grand, qu'vne Lettre de Recommandation; Et neantmoins il est veritable, que toutes les fois qu'il met la main à la plume pour vn iniuste sujet, il fait autant d'offences à son Honneur. Il n'y a point de plus mauuais Instruments, que ceux qui font naistre les Requestes & les Procez, pource qu'ils sont comme vne maniere de Poison & de Contagion aux Procedures publiques.

DE L'EXPEDITION des *Affaires*.

IL n'est rien de si dangereux en matiere d'Affaires, qu'vne diligence affectée. Elle ressemble à ce que les Medecins appellent Predigestion, ou Digestion hastée, qui ne sert qu'à remplir le Corps de cruditez, & de secrettes semences de Maladie. Ne iugez donc point de l'Expedition d'vne Affaire, par le temps que vous employez à demeurer assis au Conseil, mais plutost par l'aduancement que vous y faites. Car comme en matiere de Course, ceux qui font les plus hauts pas, ou les plus lõgs, n'en vont point plus viste; ainsi en ce qui touche les Affaires, ce qui les aduance, c'est de s'attacher au Sujet de prés, & de n'en prendre point trop à la fois. Il eſt des Perſonnes qui n'ayãs point d'autre ſoin que de ſe haſter, ne cherchent qu'à nicher quelque periode fauſſe dans vne Affaire, afin de paroiſtre hommes de dépeſche & actifs. Mais abreger vn Fait, à force de le reſtreſſir, ou de le rendre moindre qu'il n'eſt, ſont deux choſes bien differentes. Vne affaire ainſi maniée par pieces, eſt ordinairement prolongée en ſon entier. Il me ſouuient qu'vn grand Perſonnage de ma connoiſſance ne voyoit iamais les Hommes ſe precipiter à la concluſion, qu'il ne diſt ordinairement. *Arrestons-nous vn peu, ie vous prie, afin d'acheuer plutost.* La vraye expedition est vne chose riche de soy. Car comme l'argent se peut appeller la mesure de toutes les Marchandises, le Temps l'est aussi des Affaires, qui coustent bien cher, si l'on y perd beaucoup de iours ou de mois.

Les Lacedemoniens & les Espagnols ont de tout temps eu le bruit de n'auoir pas esté gens d'Expedition. *Mi venga la muerte d'Espanna*, disent les Espagnols, pource que cela estant, ils se tiennent pour asseurez que la mort sera long temps à venir.

Escoutez donc volontiers celuy qui vous instruit le premier sur vn fait, & taschez plutost de luy seruir d'adresse au cõmcement, que de l'interrompre dans le fil de son discours : Autrement, si vous le troublez en sa methode ordinaire, vous verrez qu'il mettra deuant ce qui doit aller derriere, & qu'il sera plus ennuyeux en ses diuisions, que s'il eust déduit son affaire à sa mode, & tout d'vne suitte : Ce qui monstre assez que le Moderateur est quelquefois plus fascheux que l'Acteur.

Les Repetitions ne ſont d'ordinaire qu'vne vraye perte de temps, qu'on ne peut gagner qu'en reïterant le ſuiet qui ſe met en queſtion, afin de reprimer par ce moyen pluſieurs inutiles recherches, & de les faire auorter. Il eſt certain que les diſcours longs & curieux ne ſeruent non plus à l'expedition d'vn Fait, qu'vne longue Robbe ne ſert de rien à la courſe. I'approuue encore moins les Prefaces & les Excuſes, ou telles autres Digreſſions, touchant la Perſonne de celuy qui parle; qui ne ſont qu'apparences de modeſtie, & monſtres de vanité.

Gardez-

Gardez-vous bien neantmoins d'enfoncer tout à coup la Matiere, si vous iugez que dans les volontez de ceux ausquels vous parlez, se trouue quelque maniere d'empesche-ment, ou d'obstacle. La preoccupation requiert tousiours vne Preface, qui sert beaucoup à la Persuasion, comme nous voyons que l'Onguent penetre mieux par le moyen des Fomentations.

L'Expedition ne reçoit vie que de l'Ordre, & de la Distribution, pourueu qu'elle ne soit point trop subtile. Si l'on ne diuise bien vne Affaire, il est impossible de s'y donner vne bonne entrée; & de s'en tirer nettement, si l'on est trop exact en la Diuision. C'est gagner le temps que de le sçauoir choisir; & battre l'air vainement, que de parler hors de raison.

Les principales parties d'vne Affaire sont trois, Preparer, Debattre, ou Examiner, & Respondre. Que si vous en attendez l'Expedition, faites en sorte, que la seconde partie seulement soit l'Ouurage de plusieurs, & que peu de gens trauaillent au premier & au dernier poinct. Or les Procedures qui se font par escrit sur quelque chose, en facilitent l'Expedition la pluſpart du temps; Et quand il aduiendroit à quelqu'vn d'en eſtre éconduit, ce refus ſeroit toujours plus propre à produire la Direction, que ſi on le tenoit en branſle & irreſolu; comme l'on voit que les Cendres aydent beaucoup mieux à la fertilité de la Terre, que ne fait la pouſſiere.

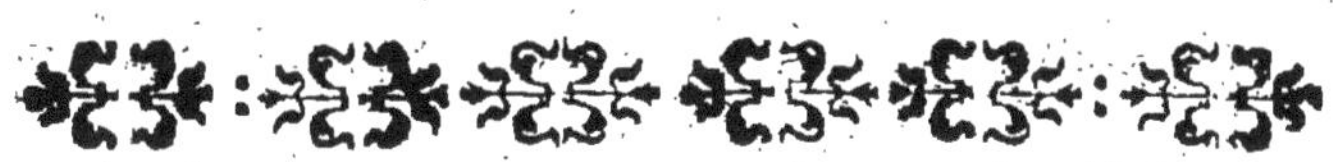

DV CONSEIL.

LA plus grande confiance qui ſoit entre les Viuans, eſt celle qu'ils mettent en vn Conſeiller. En matiere de toute autre choſe, les Hommes peuuent fier à quelqu'vn leur Perſonne, leurs Terres, leurs Biens, leurs Enfans, leur Honneur, & finalement leurs Affaires particulieres. Mais depuis qu'ils prennent vn Homme pour Conſeiller, ils remettent toutes choſes enſemble à ſa Diſcretion: ce qui oblige d'autant plus les Conſeillers à ſe monſtrer fideles & gens de bien.

Lors que les plus ſages Princes ne font rien qu'auec Conſeil, il ne faut pas qu'ils penſent que leur grandeur en ſoit amoindrie, & eux moins capables, puiſque Dieu meſme à ſon Conſeil, & que l'vn des plus grands Noms qu'il ait donné iamais à ſon Fils, eſt celuy de Conſeiller : Ce qui fait dire à Salomon, *Que la fermeté s'appuye ſur le Conſeil.* Comme en effet, il eſt certain que les choſes qu'on entreprend, ſans les peſer auparauant, auec vne meure deliberation, ſe trouuent ébranlées plus d'vne fois, ou combatuës des vagues de la Fortune ; & qu'ainſi, apres qu'on s'eſt bien peiné pour les débroüiller, ou pour en auoir vne iſſuë, on n'y voit non plus d'aſſeurance, & de fermeté qu'aux pas d'vn Yurongne.

L'Experience apprit au Roy Salomon la force du Conſeil, comme ſon Pere en auoit auparauant éprouué la neceſſité : Car ſon Royaume fauoriſé de Dieu, ne fut démembré que par vn pernicieux Aduis. Auquel neantmoins nous trouuerons pour noſtre Inſtruction deux marques fort propres à reconnoiſtre quand vn Conſeil eſt bon ou mauuais, ſi nous conſiderons que l'Aduis dont nous venons de parler, fut pour le regard des Perſonnes, donné par de ieunes gens; & quant à la choſe, accompagné d'vne extreme violence.

Les Anciens nous ont fort bien proposé la Conionction inseparable des Roys auec leurs Conseillers ; ensemble le grand besoin qu'ils ont de ne s'ayder que d'vn bon Conseil ; L'vn, quand ils ont dit, que Iupiter épousa sa Metis, qui signifie le Conseil, pour montrer qu'on le doit marier auec la Souueraineté : L'autre, en la suitte de la Fable, qui est, qu'apres l'auoir épousée, cõme il veit qu'elle estoit enceinte de son fait, il en deuora le Fruict, si bien que luy mesme deuenu gros, enfanta Pallas, qui nasquit de son Chef toute armée.

Cette Fable, quoy que monſtrueuſe, apprend aux Roys cette grande maxime d'Eſtat, Que pour ſe bien ſeruir de leur Conſeil, ils doiuent au commencement remettre la charge des Affaires entre les mains de leurs Conſeillers; & c'eſt la premiere Generation, ou la premiere Groſſeſſe; Mais qu'eſtans vne fois digerées ou formées dans tout ce Corps, ſi bien qu'il ne reſte plus qu'à les Enfanter; il faut qu'alors ils commandent à ceux de leur Conſeil de ne paſſer pas outre, ſoit en la Reſolution, ſoit en la Direction; comme ſi l'Affaire dependoit

pendoit d'eux. Ainsi s'aydans de plusieurs Aduis, qu'ils fassent voir au monde, que les Ordonnances & les Arrests (lesquels sont comparez à Pallas armée, pource qu'on les prononce auec Prudence & Authorité) procedẽt d'eux mesmes, & non seulement de leur Puissance, mais encore, pour se mettre plus en estime, de leur propre Teste, & de leur Inuention.

L'on a remarqué deux Inconuenients, qui peuuent arriuer, quand il est question d'assembler le Conseil, & de s'en seruir. Le premier est, de publier si auant les Affaires, qu'elles en ſoient moins ſecrettes. Le ſecond, d'affoiblir l'authorité des Princes, comme s'ils n'eſtoient point aſſez habiles d'eux-meſmes. Le troiſieſme, d'eſtre fidelement conſeillé, & plutoſt pour le bien de celuy qui donne l'Aduis, que du Prince qui le reçoit, Accidents contre leſquels l'Vſage du Conſeil, que l'on appelle du Cabinet, s'eſt introduit en quelques Royaumes.

Pour le regard du Secret, les Princes ne doiuent point communiquer toutes choſes à tous ceux de leur Conſeil; mais bien faire vne Eſlite des

Principaux ; outre qu'il n'eſt nullement neceſſaire que Celuy qui ſe conſeille ſur quelque fait, declare quelle eſt ſon intention là deſſus. Que les Princes prênent donc garde, que le peu de ſecret de leurs Affaires ne vienne d'eux meſmes, conſiderant qu'il ne ſe trouue que trop de Cajoleurs, qui font gloire de leur Babil, & dont la Langue eſt beaucoup plus dommageable que le ſilence de pluſieurs, qui ſçauent que le Deuoir les oblige à ne dire mot.

En certaines Affaires, il eſt grandement neceſſaire de ſe montrer Secret ; ce qui ne peut estre, s'il y a trop de Personnes auprés d'vn Roy. Aussi voit-on la pluspart du tẽps, que de tels Conseils, où peu de gens assistent, l'euenement n'en est point mauuais. Car outre, que le Secret en est tenu plus couuert, les Conseillers qu'on y appelle s'y portent auec vn esprit moins distrait & plus calme. Il faut neantmoins que ce soit la Prudence du Prince, qui opere en cecy, & que ses principaux Confidents se rendent conformes aux Intentions de leur Maistre, auec autant de Sagesse que de Fidelité. En quoy les grands Princes se ſouuiendront de l'exemple de Henry VII. Roy d'Angleterre, qui ne communiquoit iamais ſes plus importantes Affaires qu'à Morthon, & à Fox, dont il auoit de long-temps ſondé les Intentions à ſon ſeruice.

Quant à l'affoibliſſement de l'Authorité d'vn Prince, la Fable cy-deuant alleguée apprend le moyen de l'empeſcher; Meſme la Majeſté des Roys eſt touſiours pluſtoſt augmẽtée qu'amoindrie, lors qu'ils aſſiſtent en Perſonne aux Aſſemblées des principaux Miniſtres de leur Eſtat; Ioint que iamais aucun Souuerain n'a esté desnué de ses Interests par son Conseil, que lors qu'il a eu quelqu'vn trop puissant, ou qu'il s'est trouué des intelligences secrettes entre plusieurs.

Touchant le dernier inconuenient, à sçauoir que l'ordinaire des Hommes est de rapporter à leur particulier Interest les Conseils qu'ils donnent, bien qu'on ne sçache que trop, *Qu'il ne se trouue point de Foy sur la terre*; cela neantmoins se doit entendre des Temps, & non pas des Personnes particulieres. Il y a quelquefois des Hommes, qui ne sont ny Artificieux, ny Broüillons, & qui tiennent ce don de la Nature, d'estre Fideles, Entiers, Incorruptibles, & Iustes; Tellement que les Princes ne peuuent mieux faire, que de tirer telles gens à leur seruice, & prés de leurs Personnes. D'ailleurs, ceux de leur Conseil ne sont pas tousiours en si bonne intelligence, que les vns n'espient les deportemens des autres. Le meilleur remede que ie trouue à cecy, c'est que les Princes ayent autant de soin de connoistre leurs Conseillers, qu'eux-mesmes ont de curiosité pour sçauoir de quelle humeur sont les Princes.

C'est au Prince vn heur sans pareil,
De bien connoistre son Conseil.

I'adiouste à cecy, qu'esplucher de trop prés les Actions d'vn Souuerain, est vne chose mal-seante au Conseiller, qui doit auoir plus de soin d'apprendre les Affaires que l'Inclination de son Maistre, estant vray-semblable que le Deuoir de sa Charge l'oblige à luy donner de bons Aduis, plutost qu'à chatoüiller son humeur.

L'on ne sçauroit croire combien est grand le profit que tirent les Princes, de prendre

dre l'Aduis de leurs Cõſeillers ſeparément, & en Corps auſſi. Quand on dit ſon ſentiment ſeul à ſeul, l'on n'eſt pas d'ordinaire ſi retenu, ny ſi reſpectueux, que lors qu'on le declare en Public. Les Hommes ſont moins honteux en leur particulier; & en compagnie plus ſuiets à l'Humeur d'autruy. C'eſt pourquoy, il eſt grandement à propos de s'ayder de tous les deux; à ſçauoir des Inferieurs ſeparément, à fin de ne rien oſter à leur Liberté; & des Principaux, deuant toute vne Aſſemblée, pour les mieux tenir dans les bornes du Reſpect.

Il ne ſert de rien aux Princes de ſe conſeiller ſur l'eſtat des Affaires, s'ils n'examinent par meſme voye de quelles Gens ils prẽnent aduis. Comme toutes les choſes ſimplement conſiderées, ſont autant d'Images muettes & mortes, la vie de l'Execution des Affaires conſiſte à ſçauoir choiſir les Perſonnes. En quoy il ne faut point proceder par les Genres, ou comme en Idée, & en Abſtraction, pour ſçauoir de quelle eſpece de Perſonnes on ſe doit ſeruir; mais plutoſt en Indiuidus, pource que le meilleur Iugement, & les plus grandes Fautes auſſi paroiſſent en l'eſlection qui ſe fait d'eux. Celuy-là ne mentit pas, qui dit, *Qu'il n'eſt point de meilleurs Conſeillers que ceux qui ſont morts*. Auſſi eſt-il vray que les Liures parlent diſtinctement, & qu'il eſt bon de les fueilleter, principalement ceux dont les Autheurs ont eux-meſmes eſté les Acteurs en la Scene.

Les Conſeils qui ſe tiennent auiourd'huy en beaucoup de lieux, ne ſont proprement que des Rencontres inopinées, ou l'on diſcourt pluſtoſt des Affaires qu'on ne les debat. L'on ne court que trop viſte à l'ordre, ou à la concluſion du Conſeil: il ſeroit beaucoup meilleur, qu'en matiere d'Affaires de conſequence, les choſes fuſſent auiourd'huy propoſées, & remiſes au lendemain, que decidées ſi ſoudainement: *In nocte Conſilium.* Ce fut de cette façon qu'on ſe comporta en la Commiſſion pour l'vnion d'entre l'Angleterre & l'Eſcoſſe, qui eſtoit vne Aſſemblée graue, & bien ordonnée. Ie trouue auſſi fort à propos, qu'on choiſiſſe certains iours prefix pour les Requeſtes. Car outre que cela donne plus de courage & d'aſſeurance aux Demandeurs, les Aſſemblées qui ſe font pour les Affaires d'Estat en ont plus de Liberté, & ne sont point empeschées de, *Hoc agere*, c'est à dire, de penser seulement à ce qui est de leur Charge. En l'Action des Commissaires, s'il faut mettre les Affaires en estat pour le Conseil, il est plus à propos de prendre des Personnes indifferentes, que d'y faire vne Indifference, en y mettant ceux qui sont forts de part & d'autre.

I'approuue encore grandement les Commissions ordinaires, comme, pour le Commerce, pour les Finances, pour la Guerre, pour les Procez, & pour quelques Prouinces. Car où ſe tiennét diuers Conſeils en particulier, & où il n'y a qu'vn Conſeil d'Eſtat, comme en Eſpagne, toutes Aſſemblées ne ſont en effet que des Commiſſions ordinaires, ſi ce n'eſt qu'elles ont vne plus grande authorité. Il eſt neceſſaire que ceux qui doiuent inſtruire les Hommes ſur les choſes qui touchent leur Profeſſion, comme les Aduocats, les gens de Marine, ceux de la Monnoye, & ainſi des autres, ſoient premierement ouys deuant les Commiſſaires, ou ſi l'Occaſion le requiert, deuant le Conſeil; & qu'ils n'y entrent point à la foule, mais l'vn apres l'autre : car autrement, ce ſeroit plutoſt importuner l'Aſſemblée que l'inſtruire. Des Tables longues ou quarrées, & des ſieges autour de la ſalle, ſont des choſes ſubſtantielles, bien qu'elles ſemblẽt n'appartenir qu'à la Forme. La raiſon que ie puis alleguer là deſſus, eſt qu'en vne longue Table, peu de Perſonnes qui tiendront le haut bout, emporteront bien ſouuent toute l'Affaire: Mais en l'autre Forme, les Opinions des Conſeillers du bas bout, ſont plus en vſage: En vn mot, vn Roy qui preſide à vne Aſſemblée doit ſoigneuſement prendre garde, de ne rendre trop manifeſte ſon Inclination particuliere en ce qu'il propoſe. Autrement il eſt à craindre, que ſi les Conſeillers s'en apperçoiuent, ils ne ſe mettent dans la complaiſance, au lieu de dire ſainement leur Aduis.

FIN.

www.ingramcontent.com/pod-product-compliance
Ingram Content Group UK Ltd.
Pitfield, Milton Keynes, MK11 3LW, UK
UKHW012028240726
13965UKWH00002B/642

9 782013 089906